Herderbücherei

Band 1306

Über das Buch

Wir kennen sie aus unserer Umgebung: den „Glückspilz", dem nahezu alles gelingt, den „Pechvogel", der von vorneherein mit Mißerfolg rechnet. Wie kommt es zu diesen unterschiedlichen Lebensschicksalen? Entscheidend ist das Verhältnis zum eigenen Ich. Der eine hat ein gesundes Selbstvertrauen, der andere erlebt sich selbt zutiefst negativ und kann darum auch keine dauerhaften Beziehungen zu anderen Menschen aufbauen. Der Weg in dieses seelische Unglück beginnt meist schon in der Kindheit. Darum ist es wichtig, daß sich Eltern und Erzieher darüber klar werden, wie entscheidend die Förderung des Selbstwertgefühls die Persönlichkeitsentwicklung beeinflußt. Diesen Reifungsprozeß im Erwachsenenalter nachzuholen ist schwierig und manchmal auch schmerzhaft, aber – wie die Autorin an Praxisbeispielen zeigt – möglich.

Über die Autorin

Dr. Hildegund Fischle-Carl arbeitet als Psychotherapeutin in Esslingen bei Stuttgart.

Hildegund Fischle-Carl

Was bin ich wert?

Selbstvertrauen ist lebenswichtig

Herderbücherei

Originalausgabe
erstmals veröffentlicht als Herder-Taschenbuch

Buchumschlag: Walter Emmrich

Inhalt

Minderwertigkeitsgefühle und Selbstwerterleben

Wer Menschen erlebt, die mit ihrem Leben in geglückter Weise zurechtkommen, kann bei ihnen immer ein gesundes Maß an Selbstwertgefühl beobachten. Zu ihnen gehören nicht allein die in der Außenwelt Erfolgreichen, die Leistungen aufzuweisen haben, aktiv sind und sichtbar Tagwerkspuren zeigen. Es sind auch die mit einzubeziehen, die mit dem unsichtbaren Weltanteil und der Innenwelt umzugehen und sinnvoll zu leben gelernt haben. Bei all denen, die ja sagen können zum Leben, zu ihrem Schicksal, ist immer eine Bejahung der eigenen Existenz mit eingeschlossen. Ja sagen können zu wesentlichen Teilen von sich selbst ist eine entscheidende Voraussetzung für das Zurechtkommen mit sich selbst, mit den andern und mit der Welt schlechthin. Es stimmt, daß alle, die sich selbst nicht leiden mögen, auch wenig Zuneigung für die andern entwickeln. Wenn jemand viel an andern kritisiert, ihnen gegenüber gereizt ist, sagt man: „... der mag sich selbst nicht." Bei der Neigung zum Kritisieren und Nörgeln geht es nicht allein um Besserwisserei und Selbsterhöhung. Es soll auch ein Schuldiger gefunden werden, auf den die Unzufriedenheit mit sich selbst projiziert werden kann. Mit vorgetäuschtem gutem Gewissen darf der gestaute Affekt sich dann lösen, wenn ein Motiv gefunden ist, ihn auf andere zu entladen. Sofern kein Sündenbock gefunden werden und die Auseinandersetzung mit den anstehenden Problemen nicht stattfinden kann, die Ableitung nach außen nicht möglich ist, wendet sich häufig die affektive Reaktion gegen die eigene Person. Die Aggression bis hin zur Zerstörung setzt intrapsychisch ein durch Abbau des Selbstwertes in Form von partieller oder totaler Selbstverneinung. Dies kann sich ausweiten auf alles, was wir sind und zu uns gehört. Unseren Körper können wir dann bewußt oder unbewußt selbst zerstören, auch das, was zu uns und uns selbst gehört. Ein Analysand zerstörte seine sehr geliebten Schallplatten, wenn er von der Wut über sich selbst übermannt wurde und mit den dahinterstehenden Problemen und Affekten nicht umgehen konnte. Die Primitiven zeigen noch deutlicher, wie schnell Affekte in Selbstzerstörung übergehen können, wenn in der Beziehung zu sich selbst keine tragende Basis vorhanden ist. Die Mundugumors sind aggressiv, streitsüchtig und setzen ihre Kräfte in häufigen kriegerischen Auseinandersetzungen mit ihren Nachbarn ein. Wer anders ist als sie, ist ihr Feind. Wenn Aggressionsstau besteht, werden Feinde und Motive zur Feindschaft benötigt und darum nicht nur gesucht, sondern auch gefunden. Starke Neigung zur Aggressivität und zur Ablehnung der andern bis hin zum Haß läßt auf viel Selbsthaß und aggressives Verhalten gegenüber sich selbst schließen. Dies bestätigt die Berichterstattung der Ethnologin M. Mead. Wenn ein Mundugumor in starke affektive Erregung und Wut gerät, kann es passieren, daß er sich umbringt. In blinder Zerstörungswut fahren manche dann mit einem Kanu zu einem feindlichen Stamm, wo mit Sicherheit feststeht, daß sie dort getötet werden. Um solches Reagieren in seinen hintergründigen Zusammenhängen zu verstehen, sind prägende Verhaltensweisen dieses Stammes von großer Bedeutung. Bei den Mundugumor gibt es keine pflegerischen Bemühungen und gefühlshafte Bindungen zum Kind. Es wird als lästig empfunden und lieblos und hart, ganz ohne Zärtlichkeit erzogen. Es muß von kleinauf lernen, in einer ihm feindlichen Welt ohne Wohlwollen von Mensch zu Mensch zurechtzukommen. Solche Art von Welterfahrung und der Mangel an Bejahung und Anerkennung durch die andern prägen ein Leben lang das Verhalten dieses Völkchens, das seine Feinde ganz einfach auffrißt. Erst in der totalen Zerstörung des Feindes sowie in der vollkommenen Bemächtigung vermag der stets affektiv gereizte, d. h. im Grunde verängstigte Mundugumor sich vorübergehend zu beruhigen.

Die Art und Weise, wie ich andern Menschen in meiner

Grundeinstellung gegenüberstehe, ist bestimmt durch die Beziehung zu mir selbst und prägt mein persönliches Menschsein. In der Ablehnung kleinerer und größerer Bereiche meiner selbst vollzieht sich parallel die Verneinung des andern Menschen. Wir ahnen unbewußt ganz richtig, indem wir uns in ihm, in dem andern sehen, erkennen wir den menschlichen Anteil, der in uns allen ist, wenn auch in ganz verschiedener Weise kombiniert und realisiert. Intuitiv erfahren wir, daß der Mensch im Bereich des Unbewußten und in vielen Reaktionen dem andern Menschen viel näher und verwandter ist, als wir dies im bewußten Erkennen und in dem intellektuellen, begrifflich sortierenden Denken wahrnehmen. Wir wollen in unserm Nächsten nicht den Bruder und die Schwester sehen, weil ihre Schwächen uns unbewußt an die eigenen Schwächen führen würden, wenn wir dies im Nahesein zuließen. Im heutigen individualistisch geprägten Menschen ist das Wir-Erlebnis mit dem anderen gering. Wir sind wenig auf ihn bezogen, weil unser Bedürfnis nach Einmaligkeit, Anderssein und Beachtetwerden außerordentlich groß ist. Solange wir von solchen Bemühungen um individualistische Darstellungen geprägt sind, etwas Besonderes sein *wollen,* zweifeln wir selbst daran, es auch wirklich zu sein. Wenn ich meiner selbst nicht sicher bin und mich vom andern abheben muß, kann ich das Menschliche im andern und in mir selbst wenig wahrnehmen. Dann ist es schwierig zu begreifen, daß die Beziehung zu mir selbst auch die Beziehung zum andern mitbestimmt. Ohne einen gewissen Grad an Selbstannahme gibt es keine bejahende Zuwendung zum Nächsten. Meine Selbstliebe bestimmt auch den Bezug zur Welt, zum Ganzen, dessen Teil wir sind. Wer sich selbst nicht akzeptieren kann, wenigstens in Teilbereichen nicht gelten zu lassen vermag, ist im Grunde seines Herzens ein Verneiner des Menschseins, unserer Welt, in der wir leben, zu der wir gehören. Oft sind als sehr radikal sich erweisende psychologische Abläufe in diesen Zusammenhängen erkennbar. „Wie soll ich die Welt und das Leben achten, wenn *ich* sie als Teil vertrete ...“ äußerte ein Student, der in der Beziehung zu sich selbst so sehr behindert war, daß er keinen Bezug zum Ganzen finden konnte. Dabei sah er nicht seine Behinderung im eigenen Innern, vielmehr hielt er sich für einen zwar leidenden, aber doch mutigen Realisten. Der Mangel an Selbstwert wird immer übertragen auf alles, was mit uns zusammenhängt.

Selbstwert wird als Selbstwert*gefühl* erlebt. Wie wir uns fühlen, bestimmt uns weitaus mehr und ist von viel größerer Bedeutung als das, was wir von uns wissen und was wir wollen. Der Willenseinsatz wird stark geprägt von unserem Eigenmachtgefühl, das aufs Engste mit dem Eigenwerterleben verbunden ist. Ich kann nur das ernsthaft wollen und realisierend angehen, was ich mir zutraue. Das richtige Wollen hängt in hohem Maße von unserer Selbsteinschätzung ab. Es gibt viele unter uns, die etwas geleistet haben, denen eine Menge gelungen ist, die Erfolge aufzuweisen haben und dennoch an schwerem Mangel von Selbstwerterlebnissen leiden. Dies ist häufig die zentrale Ursache, weshalb sie rastlos, ehrgeizgetrieben oder mit Leistungszwängen besetzt mit der Last ewiger Suche nach Selbstbestätigung und in großer Unsicherheit leben müssen. Die wenigsten unter uns wissen etwas darüber, wie sie sich fühlen, was ihren Selbstwert anbelangt, wie sie sich selbst bewerten und wie sie sich von den andern bewertet glauben. Auch die Psychologen der verschiedensten Schulen und Richtungen haben sich bisher mit der Erforschung der Entwicklung des Selbstwerterlebnisses wie auch mit dem Aufbau gesunden Selbstwerterlebens noch wenig befaßt.

Wer in unserer Zeit in der Beratungssprechstunde, im Umgang mit irritierten Menschen oder in der Therapie der seelisch Kranken Einblick erhält in Schicksale und in das damit zusammenhängende Seelenleben, sieht ohne Mühe, daß Triebkonflikte äußerst selten und nicht von großer Bedeutung sind. Ein zentraler Schwerpunkt der Leiden ist immer ein Mangel an Selbstwert und ein stetes in Frage gestellt sein. Der Triebkonflikt ist nur bedeutsam, wenn dadurch der Selbstwert angegriffen wird. Mit dem Defizit an Wertsein hängt das Ungeborgensein in der Welt zusammen, das Angst auslöst. Dies darf nicht verwechselt werden mit Minderwertigkeitsgefühlen. Sich in dieser oder jener Hinsicht im Vergleich zu andern etwas weniger vollwertig, weniger potent zu erleben, ist etwas anderes, weil es Teilbereiche betrifft und nicht den Wert- und Sinnbereich eines Menschen in Frage stellt. Wenn ich in irgendeinem Bereich weniger habe, weniger bin, weniger kann oder weiß, ist damit noch nicht der Wert meiner Existenz betroffen. Viele kokettieren oft damit, auf irgendeinem von ihnen wenig wichtigen und nicht für bedeutsam gehaltenen Gebiet nichts zu können, nicht Bescheid zu wissen und in diesem Bereich unbedarft zu sein. Ich erinnere mich an einen Rechtsanwalt, der vor sich selbst und vor andern damit – man könnte fast sagen – prahlte, daß er keinen Reifen an seinem Auto wechseln könnte. Er fühlte sich über praktische Tätigkeiten in solchem Maße erhaben, daß er seine extreme Einseitigkeit für sich zu einem Scheinwert umprägte. Solches Entweichen vor der Einsicht eigener Unzulänglichkeiten und Schwächen gelingt nur denen, die einen gewissen Grad der Anerkennung in andern Bereichen erfahren haben. Sie versuchen sich durch Kompensationen und Umwertungen vor dem Eingeständnis eigener Probleme zu schützen. Es ist interessant bei sich selbst und bei den andern solches Ummünzen ins Positive zu beobachten. Zuweilen übernehmen ganze Familien dann die neuen Prägungen und ganze Gruppen die dabei entwickelten Theorien. Ein Beispiel hierfür bietet die bekannte Schriftstellerin Simone de Beauvoir. Als Kind konnte sie nicht mit Puppen spielen und zeigte in ihrer ganzen Entwicklung in der Kindheit und Jugend Kümmerformen in der emotionalen Entwicklung und Kontaktnahme. Aus diesen Mängeln heraus arrangierte sie mit der ihr eigenen Intelligenz „progressive" Theorien über die Erziehung von Kindern. Obwohl sie selbst nie mit Kleinkindern Umgang hatte und auf diesem Gebiet ganz ohne erfahrungsbegründetes Wissen war, schrieb sie darüber, daß Kinder von kleinauf am besten in Heimen erzogen werden sollen, weil sie damit vor den Gefahren der Familie und vor dem Mißbrauch durch neurotische Eltern bewahrt würden. Wie oberflächlich solche Äußerungen sind, soll hier nicht erörtert sein. Es soll lediglich eines der vielen Beispiele gezeigt werden, wie ganz persönliche Mängel und eigene Problematik sich in unser Denken einnisten und subjektive Motivationen sich verwandeln und einbringen in intellektuelle Theorien und Ideale. Sartre schrieb von sich selbst in mutiger Selbsterkenntnis wie hochmütig er ist. Dabei ist er ehrlich genug, sich einzugestehen, wo seine menschliche Leere und seine Verkrüppelung liegt. Er weiß in seinen Selbstzeugnissen um die Blutleere seiner Wurzellosigkeit und weist immer wieder auf seine menschliche Kälte hin sowie auf seine Unfähigkeit zu einer Bindung. Er ist mit sich selbst kritisch und ehrlich und widersteht der Verführung der Umprägung. Weniger zur Einsicht Befähigte machten inzwischen hieraus eine Art Psychologie und Verhaltensschema des „modernen Menschen". Sartre wich dem Leiden an seinem Unvermögen nicht aus. Er stellte sich seiner Not. Immer wieder klagte er in seinen Äußerungen über die „Freiheit der Luft", die er sich zurechtgebaut hatte. Er erkennt später dann, wie wichtig es ist, sich zu verwurzeln. Nun idealisiert er nicht mehr seine Freiheit ohne Sinn und lernt nach einer Phase der Depression zu seinem Leben mit seinen Mängeln im Bewußtsein seiner Grenzen zu stehen. Dies ist eine hohe menschliche Leistung. Denn je intelligenter und gewandter wir sind, umso leichter ist es, aus Nöten und Mängeln Tugenden zu machen und den andern, wie auch sich selbst zu täuschen.

Wer über eine gewisses Maß an Eigenmachterlebnissen verfügt, vermag leichter zu kompensieren und im guten Sinne Balanceakte zu finden und damit über objektive Minderwertigkeiten hinwegzukommen. Ob solche Bemühungen um Ausgleich von Unzulänglichkeiten oder Defekten für den Betroffenen und für die Mitlebenden als geglückt betrachtet werden können, hängt davon ab, wieweit in einer Kompensation des einzelnen auch für die andern sich etwas Sinnvolles vollzieht. Wenn Kompensationen zu einer gültigen Form hochstilisiert werden oder gar zu gesellschaftlichen Regeln avancieren, kann dies auch für andere zum Problem werden. Denken wir nochmals an den erwähnten Rechtsanwalt, der gerne unpraktisch sein wollte und sich in solchem Verhalten als umso mehr intellektuell fühlte. Wenn solche Fehlhaltungen von vielen Intellektuellen übernommen und nicht als Insuffizienz sondern als richtig bejaht werden, führt dies zu einer weitreichenden Folge. Nicht nur die Intellektuellen geraten dann in zunehmende Einseitigkeit und Schwächen. Darüber hinaus führt dies zu Spannungen mit anderen Gruppen und zu vielen Infragestellungen im sozialen Gefüge.

Minderwertigkeitsgefühle betreffen nur Teilbereiche der Persönlichkeit und sind leicht angehbar, wenn die eigene Existenz nicht davon betroffen ist und der Selbstwert damit ein Minimum nicht unterschritten hat. Wo jedoch Menschen an ihrem Leben leiden und seelische wie auch leibseelische Krankheit sich ausbreitet, geht es immer um ein Problem des existentiellen Wertes. Auch die klassischen Formen von Neurosen verbergen hinter den von Freud herausgearbeiteten Triebkonflikten letzten Endes immer als letzten Hintergrund die Frage nach dem eigenen Wert. Verdrängung von abgelehnten Wünschen und Bedürfnissen sind nicht nur unter dem Mechanismus von Triebimpulsen und ihrer Annahme und Sozialisierung zu sehen. Darüber hinaus geht es immer um den Wert der Gesamtpersönlichkeit. Wert ist ein Verhältnis zu etwas Bedeutsamem, stellt den Bezug dar zu etwas. Wert ist Bezogensein auf etwas hin, das mehr ist und das den einzelnen Teilträger aufwertet. Darum ist Wert eng verbunden mit Sinngeschehen. Warum entwickelt ein Zwangsneurotiker seine Zwänge? Um Ängste abzuwehren, die ihn bedrängen. Er verleugnet seine heftigen in ihm aufsteigenden Aggressionen, Mordimpulse, Triebwünsche oder was es auch sein mag, um sich als Mensch nicht verachten zu müssen und von den andern nicht verachtet zu werden. Die verinnerte Wertskala und die Bedrohung durch Wertverlust im Ganzen spielt eine entscheidende Rolle. Das Bewußtwerden der verdrängten Impulse bringt noch keine Erlösung von den Zwängen und Ängsten. Erst wenn der Kranke verstehen kann, warum ihn solche blinden Verlangen ergreifen und er dann zu erfühlen vermag, was in ihm vorgeht und in welchem Sinnzusammenhang dies zu verstehen ist, kann er seine abgewehrten Impulse zulassen lernen. Dann muß er nicht mehr befürchten, ein Unmensch zu sein, wenn er im Rahmen menschlichen Seins seine Reaktionen erkennen darf. Es handelt sich also im Grunde nur vordergründig um einen Triebkonflikt. Der Triebimpuls könnte durchaus zugelassen werden, wenn damit nicht ein Wertverlust verbunden wäre.

Unser Jahrhundert ist in besonderem Maße von der Infrage-stellung der Werterlebnisse geprägt und damit sind viele stra-paziert. Die notwendige Verneinung veräußerlichter und institutionalisierter Werte führte zur allgemeinen Wertskepsis und darüber hinaus zur Abwehr von Werterlebnissen schlecht-hin. Auch hier wurde die Not des Wertverlustes und die nicht eingestandene Trauer über die Hinfälligkeit vieler Werte um-gemünzt und kompensiert. Man könnte sagen, der Wertver-lust, die Wertleere und die damit verbundenen Gefühle wurden zu einem Scheinwert hochgejubelt. Es galt nun als pro-gressiv und zukunftsweisend, alle Werte abzuwerten und das Sein ohne Werte, also die Wert-losigkeit zu proklamieren. Hierzu hat die Psychologie und die Wissenschaft mit ihrem Ideal der Wahrheitsfindung durch Objektivierung im Sinne rein begrifflicher intellektueller Bewältigung der Welt ganz wesentlich beigetragen. Langsam vollzieht sich in diesem Be-reich ein Wandel, indem der Mensch als Subjekt und als ein wissenschaftlich nicht voll objektivierbares Selbst erkannt und als solches hingenommen werden kann. Hierzu verhalfen uns die durch Physiker erforschten Erkenntnisse über die Materie. Nachdem die letzte wahrnehmbare Spur von Materie sich auch als Energie zeigen kann, also immateriell ist, wurde der Wissenschaftler von dem Zwang, am materiell Sichtbaren fest-zuhalten, endlich erlöst. Wir wissen heute, daß diese letzte Spur von Materie in ihrem Verhalten nicht berechenbar ist. Es ist nicht vorauszubestimmen, wann dieses kleinste materielle Teilchen sich als Materie oder als Energie darstellt. Nun konnte auch der bedeutsame Schritt vollzogen werden, daß nicht leiblich bestimmte und nicht berechenbare Prozesse auch im Menschen akzeptiert werden. Vor dieser Zeit war alles nicht Objektivierbare und Bestimmbare unwissenschaftlich, war Magie oder Hokuspokus, was für viele Wissenschaftler der alten Prägung und mit dem zu Ende gehenden bisher gülti-gen Weltbild auch heute noch zutrifft.

Wir lernen nun zu akzeptieren, daß der Mensch nur in Teil-bereichen seiner Leiblichkeit, seiner Leibesbestimmtheit und den damit verbundenen Zusammenhängen erfaßbar ist. Ver-gessen wir nicht, daß noch im letzten Jahrhundert ein bedeutender Hochschulprofessor sagen konnte, er habe den Menschen in allen Teilen bis ins kleinste Detail seziert, aber eine Seele habe er nirgends gesehen. Die Physiker verhalfen uns dazu, daß wir uns wieder der Seele und dem nicht rein naturwissenschaftlich erfaßbaren Anteil am Menschen zuwenden können, wozu auch das Werterleben gehört.

Wenn der Mensch nicht von seinem seelischen Bereich im wörtlichen Sinn *wesentlich* bestimmt würde, wäre alles Bemühen um Erziehung, um seelische und geistige Entwicklung und auch um Heilungsprozesse im Bereich der Psychotherapie nicht nur erfolglos, sondern darüber hinaus sinnlos. Das Bemühen um das Weiterreichen und um die Einhaltung von den als wichtig erkannten Verhaltensweisen und alltäglichen Wertnormen spielte immer eine große Rolle in allen Entwicklungsstufen der Menschheit. Auch in unserem Kulturkreis gibt es solche Erziehungsziele, die vom einfachen bis hin zum differenzierten Erwachsenen anerkannt werden. Es hat seinen Grund, warum wir Kinder zu all dem erziehen wollen, was das Zusammenleben mit ihnen und auch für sie selbst möglichst problemlos gestaltet. Dabei ist zu beobachten, daß wer es bei sich selbst nicht schafft, erst recht von andern, vor allem von Kindern die Einhaltung der Normen streng verlangt. Alltägliche Wertnormen erleichtern das Zusammenleben nach beiden Seiten, vom einzelnen hin zu den andern und von den andern hin zum einzelnen. Solche alltäglichen Wertnormen wie Ehrlichkeit, Höflichkeit, soziales Verhalten im Alltag usw. werden auch von denen nicht abgelehnt, die sie selbst nicht einzuhalten vermögen, d.h. die solche allgemeinen Normen nicht verinnerlicht haben, weshalb sie im Einzelfall dann auch nicht realisierbar sind. Umso mehr muß darum vor den andern und vor sich selbst der Normwert vertreten und gefordert werden, aber eben von den andern. Solche Menschen delegieren die Verwirklichung der als sinnvoll und allgemein anerkannten Ziele an ihre Nächsten, ihre Kinder und Partner, ihre Untergebenen. Dies geschieht in der unbewußten Hoffnung, als könnten sie über die vom andern geforderte Verwirklichung dessen, was nottut, teilhaben am allgemein gültigen Wert. Hier vollzieht sich ein naiver Projektionsvorgang: Ich partizipiere, wenn die andern durch mich veranlaßt an der Strukturierung unseres Zusammenlebens mitwirken und ich selbst damit vor infantilem Chaos im Alltag geschützt werde. Diese auch in unserem Kulturbereich immer noch anzutreffenden autoritär vollzogenen Delegationen an den anderen führen in vielen Bereichen zur doppelten Moral, die eine Unverbindlichkeit für den, der fordert, offen läßt. Damit wir nicht abstrakt psychologisieren, sondern auch für uns selbst den Zugang zu solchen Unverbindlichkeiten in unserem eigenen Verhalten finden können, seien ganz alltägliche und konkrete Beispiele genannt. Wertmanipulation im Alltag vollzieht sich häufig gegenüber Kindern und Heranwachsenden. Vater ist empört, weil der kraftstrotzende Sohn trotz mehrfacher Aufforderung den Rasen noch nicht gemäht hat. Er wird darum abwertend abgekanzelt. Weil dieser Vater nicht bereit ist, über sich selbst in diesem Alltagsgeschehen nachzudenken, übersieht er, daß er im Grunde selbst ein schlechtes Gewissen hat. Als Junge hat er sich ähnlich verhalten und sich auch vor manchem gedrückt, und als sein Sohn noch klein war, sich ebenfalls gerne um diese Arbeit herumgemogelt. Natürlich konnte er als Erwachsener Arbeit und Zeitmangel vorgeben. Weil er jedoch zu sich selbst und zu seinem eigenen Verhalten nie Stellung genommen hat, gerade darum muß er nun umso mehr sein Versäumnis bei dieser Gelegenheit über einen andern, einen Sündenbock oder Blitzableiter vornehmen. Damit bleibt er auf der Seite des Normwertes, ohne sich Rechenschaft darüber abgeben zu müssen über sein tatsächliches Verhalten. Ein solcher innerseelischer Vorgang ist auch möglich, wenn der Vater auf einem ganz anderen Gebiet als beim Rasenmähen sich um Aufgaben drückt. Würde er um sich und sein eigenes Verhalten mehr wissen, würde sich menschliche Nähe und vertrautes Miteinander mit seinem Sohn entwickeln können und damit ließen sich Alltäglichkeiten anders lösen.

Kinder bekommen von Müttern Strafpredigten oder Strafen, wenn sie ihre Schulranzen nicht an den hierfür vorgesehenen Platz bringen. Mit dieser Forderung haben Erzieher völlig recht, sie pflegen jedoch eine doppelte Moral, wenn sie nicht bereit sind, ihre eigenen Schwächen zu erkennen. Die autoritäre Delegation an andere löst Widerstand aus. Wer jedoch sich selbst in seinen Problemen aus der eigenen Kindheit oder aus der Gegenwart heraus verstehen und fühlen kann, findet über diese Selbsterfahrung einen anderen, nicht delegierenden Zugang zum andern. Herr S. M. überwacht die Ordnung im Hause und mag es nicht leiden, wenn abends Spuren von den Kindern und ihren Spielen oder von der Haushaltarbeit noch sichtbar sind. Sich selbst mißt er jedoch mit anderen Maßstäben, wenn er abends nicht bereit ist, sein Bierglas hinaus auf die Spüle zu tragen und dies stets seiner Frau überläßt. Es genügt ihm, wenn er über die andern delegierend für Ordnung sorgt. Die eigene Unverbindlichkeit verhindert jedoch immer Nähe und Freundschaft, Miteinandersein und innige Wir-Erlebnisse.

Die doppelte Moral und die für den Fordernden unverbindliche Norm ist in manchen Ländern tödlich. Es gibt immer noch Länder, in denen Frauen wegen außerehelichem Sexualverkehr ihr Leben lassen müssen, obwohl dies für Männer in diesem Lebensraum etwas ganz Alltägliches ist. An solchen Beispielen sehen wir, daß Lebensnormen in ihrer Verwirklichung häufig eine hierarchische Gliederung erfahren und der Gültigkeitsbereich durch die Wertrangstufe des einzelnen bestimmt wird. Beim Primitiven wiegt der hierarchische Rang und seine Macht schwerer als die einzelne Tat. Darum ist der Kampf gegen überholte Rangautorität ein bedeutsamer Entwicklungsschritt, mit dem wir auch in unserer Gegenwart noch zu ringen haben. Wie weit solche Ranghierarchien zu geradezu unheimlichem Mißbrauch führten, zeigt uns die Geschichte. Monarchen und solche, die an der hierarchischen Spitze standen, konnten ihre Launen, ihren Ehrgeiz, ihre Interessen durch Tod und Leid unzähliger Menschen, die ihnen anvertraut und ergeben waren, in Willkür und zu Lasten der andern realisieren. Viele Kriege und Eroberungen in der Weltgeschichte müssen unter diesem Aspekt gesehen werden. Solche Vorgänge machen deutlich, wie zerstörerisch Macht und Freiheit werden, wenn sie nicht eingebunden sind in Wertbezug und Wertbindung.

In unserem Kulturkreis hat darum der Kampf um die Bewertung des Ich-Selbst begonnen. Der Einzelmensch bemüht sich unabhängig von Rangordnungen und sozialen Stellungen um Geltung. Die Lösungen von Konflikten durch Gewalt, Macht und Rang werden nicht mehr akzeptiert. In allen Ebenen geht es darum, dem andern seine Geltung, die Bedeutung seines Mitwirkens und seines Menschseins zugestehen zu lernen. Wir stehen noch am Anfang dieser Entwicklung, die sich auf unseren privatesten Lebensraum bis in unsere Arbeitswelt hinein und bis hin zur Politik auswirkt. Die Zweisamkeit findet keine Basis des Miteinanderlebens, wenn nicht bei aller Verschiedenheit jeder seine Bedeutung für den andern, den eigenen Selbstwert sowie den Wert des andern in der Bedeutung für sich selbst erfahren darf. Gegenseitige Anerkennung in wesentlichen Teilen ist die Voraussetzung zu jedem Wir-Bezug. Die Grundlage gemeinsame Schwierigkeiten zu bestehen ist Wir-Erleben. Dies gilt ebenso für die Lösung von Problemen im Zusammenhang mit einer schwierigen Wirtschaftslage. Wir-Erleben steigert den Selbstwert selbst dann noch, wenn vom einzelnen Einschränkungen oder partieller Verzicht gefordert werden. Opposition, Aggression und Minderwertigkeitsgefühle werden jedoch erzeugt, wenn einzelne glauben, sich der Wir-Ebene entziehen zu können. Aus alter Ranghierarchiegewohnheit heraus, aus oberflächlichem und elitärem Denken wird dann dem andern das übertragen, was nur in der Wir-Form und damit in der Stärkung des einzelnen geleistet werden kann. Der Verzicht auf gewisse Formen von Selbstherrlichkeit fällt vielen noch schwer, wie es manchen nicht leicht fällt, ihre eigenen Ängste vor Minderwertigkeitsgefühlen anders zu bewältigen, als in Verhetzung und Gehässigkeit. Dies vollzieht sich im Bereich privater Beziehungen ebenso wie in der Politik. Wer wenig Selbstwerterlebnis hat, kann es schlecht ertragen, in irgendeiner Weise im Vergleich mit andern weniger zu haben, zu können, zu sein. Dies kann dann zu einem Potential von blinden Agitationen führen und entsprechend mißbraucht und manipuliert werden. Die Demokratie ist ein Schritt des Ausgleichs auf diesem Weg im politischen Geschehen, jedoch sind wir erst aufgebrochen und sind noch lange nicht angekommen. Auch das immer bewußter werdende Verlangen nach mehr sozialer Gerechtigkeit ist damit verbunden. Das Züchten von Minderwertigkeitsgefühlen und Erlebnisse der Wertlosigkeit wie auch das Ringen um Selbstwert gehören zu diesem Prozeß. Es werden noch einige Generationen engagiert sein müssen, um einzuüben mit dem Wert des einzelnen wie auch mit dem der einzelnen Völker besser umzugehen. Wir müssen uns vor allem darüber im klaren sein, daß das Leben mit neuen Werten und das Ringen um eigene Werterlebnisse immer bei uns selbst beginnt.

Es ist erstaunlich, wie alle Erziehung zunächst sich in der Weise vollzog, daß die Werte und Normen der andern und die Einordnung in ein Kollektiv anerzogen und über den einzelnen stets hinweggegangen wurde. Die Grundlage hierzu war die Erfahrung, daß der einzelne nichts ist, wenn er nicht in einer Gemeinschaft leben kann und von ihr mitgetragen wird. Es ist noch nicht lange her, daß eine gewisse Distanzierung zum Kollektiv erst möglich geworden ist und jeder ganz gut für sich selbst zu sorgen gelernt hat. Dann war immer sichtbarer geworden, daß jeder sich selbst der Nächste ist. Eigene Ansprüche zu betonen, wurde nun als gefährlich für das soziale Gefüge betrachtet und darum in der Erziehung bekämpft. Die Angst, vor den andern als egoistisch, unsozial, unerzogen abgewertet zu werden, führte zum Extrem der Selbstverleugnung oder aber zu Maskeraden und Scheingehabe. Mehr als eine formale Sozialisierung wurde damit nicht erreicht. Nächstenliebe wurde in falscher Weise gefordert. Es wurde versäumt, sich selbst mit einzubeziehen in den Bereich der Nächsten und in den Weg zum Wir. Damit werden wir uns selbst zum Problem. Das Werterlebnis des einzelnen darf nirgends unbeachtet bleiben, weil sonst Mangelerscheinungen entstehen, die sich beim einzelnen auswirken und als Folge im Kollektiv sich als Störungen zeigen.

Im privaten Bereich der Partnerschaft, in den Familien, in der Arbeitswelt, im politischen und sozialen Feld ist das Bemühen um den eigenen Wert aufgebrochen als Kampf gegen die Angst vor der Wertlosigkeit und damit vor der Sinnlosigkeit unseres Daseins. Die mit unserem Jahrhundert verbundenen Probleme, Schwierigkeiten und Gefährdungen sind zentral damit verbunden. Wo Selbstwerterlebnisse fehlen, erfolgt häufig die extreme Zuwendung zu sich selbst. Dies wird oft getarnt mit Gesten loyalen Verhaltens. Man spricht von unserem Jahrhundert als von dem Jahrhundert des Narzißmus. Darunter versteht man Beziehungslosigkeit und Verliebtheit in sich selbst.

Die Disposition zum Glück

Man muß nicht Psychologe sein, um zu beobachten, daß es Menschen gibt, denen nahezu alles gelingt, denen aus kleinen Mißerfolgen und Schwierigkeiten immer etwas zuwächst, die nie zu wirklichen Niederlagen und ernsten Versagenserlebnissen kommen. Selbst in schwierigen Situationen sind sie wie Stehaufmännchen, die immer wieder rasch auf die Beine kommen, wenn die andern längst liegen geblieben sind. Entmutigung und depressive Reaktionen kennen solche Menschen kaum, weil sie ihnen stets zum Ansporn werden für neue Versuche, bessere Lösungen und intensives Engagement. Wir nennen die Menschen, denen alles zum Guten wird, Glückspilze. Sie erinnern uns an die Märchen, in denen Menschen zum Glück hinfinden. Ihnen helfen alle Dinge, stehen die Tiere bei, alle Geister und helfende Kräfte, weil diese vom Glück Auserwählten in entscheidenden Situationen richtig reagieren. Die jeweils angemessene Aktion und Reaktion zu finden im Umgang mit Dingen und Menschen und im richtigen Augenblick das Richtige tun zu können, ist auch in unserer Wirklichkeit von größter Bedeutung. Schon allein zu fühlen, wann man besser schweigt oder wann man reden soll, ob man etwas hinnehmen und übergehen kann, oder ob es besser ist, sich zu wehren, ist hohe Lebenskunst. Sie kann zu entscheidenden Weichenstellungen führen, wie dies die Märchen uns vor Augen führen. Zum richtigen Reagieren benötigen wir ein mit guter Unterscheidungsfähigkeit ausgestattetes Fühlen und ein intuitives Erfassen von Situationen und Konstellationen. Um solchen Fähigkeiten und Funktionen sich zu öffnen und sie in der realen Welt zu üben und zu entwickeln, brauchen wir ein gewisses

Maß an Selbstvertrauen als Grundlage. Der Mut, uns selbst zu vertrauen, ist die Basis, die wir zur Entfaltung benötigen. Haben wir sie nicht, meldet sich häufig Unsicherheit und Angst, die Entfaltung und Entwicklung und Kreativität immer behindern oder gar unmöglich machen. Im sechsten und siebenten Kapitel wird deutlich, wie leicht und wie früh Unsicherheit und Angst bis hin zur Selbstverleugnung den Aufbau von Selbstvertrauen untergraben. Den Glückspilzen entspricht der Pechvogel als Gegenpol. Hierher gehören diejenigen, die bewußt oder unbewußt stets mit dem Mißlingen rechnen. Daß etwas schief gehen wird, ist das selbstverständlich Erwartete, sei es selbst verursacht oder eben von außen durch irgendwelche Umstände ausgelöst. Die negativ Gepolten werden nicht zu neuen Versuchen angeregt, lernen nicht aus dem Mißlungenen, weil ihre Grundhaltung für sie kein besseres Ergebnis zuläßt. Alles dient nur zur Bestätigung und Wiederholung der in ihnen festgelegten Erwartungshaltung, daß sie kein Glück, keinen Erfolg haben dürfen. Sie sind sich ihrer negativen Manipulation, ihres Mangels an positivem Einsatz und ihrer negativen Grundhaltung nicht bewußt. Den Unterschied zwischen ihrem eigenen Verhalten und dem der zum Glück Begabten erkennen sie in keiner Weise. Es kommt ihnen nie in den Sinn, daß man auch anders reagieren könnte. Sie leben im Bann des Negativen, auch wenn alles noch im Fluß ist, noch vieles fürs Gelingen unternommen werden könnte. Damit ziehen sie die negative Verwirklichung, die Einschränkung des Gelingens herbei. Selbst wenn die Pechvögel einmal etwas erreichen, was von seiten der andern Anerkennung findet und allgemein als Erfolg bezeichnet wird, ändert dies nichts an ihrer Grundeinstellung. Normalerweise beflügelt das kleinste Erfolgsergebnis und löst Mut aus, läßt hoffen, versuchen und wagen. Bei den Pechvögeln, Schwarzsehern, Pessimisten, eben all den negativ Gepolten bringt auch das positive Ergebnis keinen Aufbau zur Selbstbestätigung. Das Glas Wasser ist bei ihnen nie halb voll, sondern stets halb leer. Sie suchen immer, wie unter Zwang, nach dem, was fehlen könnte und wo mehr zu erwarten wäre, was man noch hätte anders und besser machen können. In dieser Haltung gegenüber sich selbst und dem eigenen Schicksal entstehen starke Beeinträchtigungen der Realisierung des tatsächlich in solchen Menschen vorhandenen Potentials. Das hinter allem stehende Problem ist der Mangel an Selbstwertgefühl, sich nicht wert befunden fühlen durch die andern und auch nicht durch sich selbst. Denn wer sich selbst als Wert erlebt, und sei es auch nur partiell, dem steht auch Entsprechendes zu.

Der Psychologe steht bei der Beurteilung von Fähigkeiten und Begabungen immer vor der Frage, ob die vorhandenen Möglichkeiten dem Träger tatsächlich realisierbar zur Verfügung stehen, also abrufbar sind, eingesetzt werden können, sich von der Möglichkeit in die Wirklichkeit umzusetzen vermögen. Die entscheidende Frage ist, wieweit sich Begabung manifestiert. Es gibt viele Menschen mit hohem Intelligenzquotienten, mit großen Begabungen, mit der Befähigung zu Leistungen auf ganz verschiedenen Gebieten. Das Entscheidende ist dabei jedoch immer, ob die Motivation und der Mut zur Tat, zum Einsetzen der Fähigkeiten vorhanden sind. Um diese wichtige Frage beantworten zu können, reichen alle bisher entwickelten Testmethoden nicht aus, vielmehr ist lediglich durch gewisse Beobachtungen und Merkmale das Problem einzukreisen. Wer genügend Selbstwertgefühl hat, verfügt im allgemeinen auch über ein gesundes Eigenmachtgefühl. Dies ist über das Fühlen erlebtes Bewußtsein darüber, was in unserer Macht steht, d. h. was wir können, was uns zuzutrauen ist, was wir auszuhalten und zu tun in der Lage sind. Wer sich selbst für wenig wert hält, traut sich auch nicht viel zu, wagt nichts oder nicht viel, versucht nicht das, was andere schlicht und ohne Zögern ganz einfach angehen und wagen, weil sie sich ein Mißlingen nicht übelnehmen müssen. Bei vermindertem Selbstvertrauen wird der Mensch in die Passivität getrieben, bleiben viele Fähigkeiten und Möglichkeiten eines Lebens unrealisiert. Es gibt unendlich viele, die unter dem Niveau ihrer Begabung und Fähigkeiten leben, denen die Motivation und der Mut fehlen, etwas in Angriff zu nehmen, mehr als das Einfachste zu verwirklichen, sei es im privaten oder auch in andern Bereichen. Darum bleibt auch eine große Anzahl bei dem einmal Erlernten und dem damit erreichten Ausbildungs- und Könnensstand stehen, weil sie froh darüber sind, das nun geschafft zu haben und zu mehr sich selbst nicht befähigt fühlen. Daß es der Mehrheit in vielen Berufen schwer fällt, als Lernende lebendig zu bleiben, ist eine Tatsache. Dies ist nicht allein damit zu erklären, daß Ärzte, Lehrer, Rechtsanwälte z. B. nicht den Druck von außen haben, der in der Wirtschaft existiert für den, der weiterkommen will. Auch die leibliche und geistige Müdigkeit und Trägheit nach der Arbeit ist nicht der letztlich entscheidende Grund. Die Erfahrung zeigt, daß alle mit entsprechender Motivation und dem Mut zu Eroberungen von Neuland trotzdem in vielfältiger Weise für entsprechende Förderung und Erweiterung sorgen. Die Lust, neue Seinsbereiche zu erforschen, etwas zu gestalten, sich einzubringen in die Welt, Ideen zu haben und zu erproben, auch Einsatz und Hingabe leisten zu können, setzt ein gewisses Maß an Selbstwerterleben voraus. Für den gesunden Menschen mit ganz normalen Fähigkeiten ist auch Arbeit ein Bereich, in dem er sich einbringt. Es ist darum Unsinn, jegliche Arbeitsleistung negativ zu besetzen im Sinne einer Unlust schaffenden Anstrengung. Im Arbeiten erleben wir uns auch in wichtigen Bezügen und verwirklichen wesentliche Teile unserer Möglichkeiten und damit auch uns selbst.

Bei der Überwindung von Minderwertigkeitsgefühlen läßt sich ablesen, daß bei vorhandenem Selbstvertrauen etwas aktiviert wird und eine Belastung als Aufforderung und Anreiz erlebt werden kann, auch wenn man sich in einer schlechten Situation im Vergleich zu den andern befindet. Minderwertigkeiten können darum überwunden werden, weil sie sich jeweils nur auf Teilbereiche der Persönlichkeit erstrecken. Wer sich körperlich im Verhältnis zu andern beeinträchtigt fühlt, vermag dies auszugleichen lernen und auf anderen Ebenen entsprechende Kompensationen zu gestalten. Eine Frau mit einer unschönen Figur kann durch Charme, Fröhlichkeit, Warmherzigkeit oder andere menschliche oder frauliche Qualitäten dies leicht ausgleichen, sofern ihr Selbstwertgefühl intakt ist. Hat sie jedoch Grunderfahrung in der Richtung, daß Frauen ohnedies weniger wert sind, und Männer grundsätzlich mehr Ansehen und Anerkennung genießen, wird sie sich in männlichen Verhaltensweisen ihre Kompensation aufzubauen versuchen und dann durch besondere Tüchtigkeit, Klugheit ihre Balance finden. Ist diese Frau jedoch ganz ohne den Drang nach Ausgleichsversuchen und ohne Bemühen, sich in anderen Bereichen zu bestätigen, liegt der inneren Lähmung Mutlosigkeit und völliger Mangel an Vertrauen in die eigenen Möglichkeiten zu Grunde. An diesem Beispiel ist zu sehen, wie Minderwertigkeitsgefühle und ihre Überwindung aufs Engste mit dem Selbstwertgefühl zusammenhängen.

Schon Alfred Adler und die Individualpsychologie haben darauf hingewiesen, daß gerade unsere Unzulänglichkeiten und Mängel uns anspornen und zur Realisation von Möglichkeiten führen, die oft bedeutsamer sind als das, was uns fehlt, uns zum Ausgleich antrieb und uns zunächst Minderwertigkeit im Teilbereich fühlen ließ. Je weniger Selbstvertrauen vorhanden ist, je seltener das Erleben eigenen Wertseins erfahren werden konnte, umso leichter werden Geringfügigkeiten zum Anlaß großer Verunsicherungen. Sie können dann entsprechende Kettenreaktionen auslösen. Rationale Argumente und der Versuch „vernünftige Einsichten" heranzuziehen, helfen in solchen Fällen nichts. „Ich weiß das alles selbst, was mir ein Psychologe gesagt hat: Daß ich laut meiner Intelligenz über dem Durchschnitt der andern Studenten liege, ein umfangreiches Wissen zusammengetragen habe, mich gut auszudrücken weiß und überhaupt nichts Weltbewegendes geschieht, wenn ich mein Examen nicht bestehen sollte ..." Dies ist die Aussage eines dreißigjährigen Mannes, der eine Vielzahl von Semestern hinter sich hatte, sich nun einem neuen Studiengang zuwenden wollte, weil er durch seine krankhafte Prüfungsangst sich nicht imstande fühlte, ein Examen abzulegen. Was er sagte, war völlig richtig. Mit solch rationalen Argumenten und Schulterklopfen werden nie Ängste überwunden, die in unbewußten Selbstwertzweifeln begründet sind und aus jenen Bereichen stammen, da Ratio und Wille nicht mehr manipulieren können. Viele Examensängste sind nicht als die Angst, das Examen nicht zu bestehen zu deuten. Es ist vielmehr die große Sorge, nicht ein glanzvolles Examen zuwege zu bringen, und sich damit abgewertet zu fühlen vor den andern und vor den eigenen hochgesteckten Zielen, den Vorstellungen des Ich-Ideals nicht entsprechen zu können, und damit eine Abwertung zu erfahren, die Angst auslöst.

Wenn Erlebnisse des eigenen Wertes fehlen oder gar Erfahrungen vorliegen, die einer Demütigung und Ablehnung gleichkommen und die menschliche Würde des einzelnen in Frage stellen, bedarf es unendlich vieler positiver *Gefühlserfahrungen,* um solche Verletzungen zu heilen. Hier ist tiefenpsychologische, analytische Psychotherapie notwendig. Die rationalen Einsichten und Belege über geleistete Erfolge, sichtbar gewordene Anerkennungen durch die andern und die Öffentlichkeit, Besitz, Prestige, hoher sozialer Rang, Wissens-Status, Titel und Macht bringen nur Teilbefriedigungen und sind brauchbar zum Ausgleich von Minderwertigkeitsgefühlen. Die Not im Bereich des Selbstwertes kann damit nicht beseitigt werden, weshalb all die hinter Leistungs-und Anerkennungssucht, durch fanatischen Ehrgeiz und hektische Geschäftigkeit getarnten tieferen Probleme nur verdeckt und verdrängt werden. „Ich werde nur eingeladen, weil ich der Doktor X. bin, der eine leitende Stellung in der Stadt einnimmt, … darum. Und mein Nachbar ist erwünscht, weil er eine größere Fabrik hat und damit verbunden ein gewisses Prestige …" Als Kind war er nicht nur bei seiner Geburt unerwünscht, sondern oft lästig, weil diesem Nachkömmling niemand Zeit und Zuwendung zu schenken bereit war. So störte er immer, wenn er sich an die Erwachsenen wandte. Er befürchtete überall lästig zu sein und konnte nicht durch die Kompensation, die sein sozialer Status ihm bot, den tiefer liegenden Mangel ausgleichen. Selbstzweifel oder gar Selbsthaß bedürfen oft einer Theapie und sollten ernst genommen werden.

„Ich weiß, daß ich ein öffentlich anerkannter Fachmann bin, daß ich etwas kann auf meinem Gebiet. Wenn Frauen mich beachten, was ich öfters erlebe, weil ich ganz gut aussehe, ist mir dies von großer Wichtigkeit. Ich bilde mir darauf auch etwas ein, weil ich im Grunde eitel bin. Aber bei Diskussionen in Fachkreisen, wo ich von der Sache am meisten von allen Anwesenden etwas verstehe, bekomme ich Herzklopfen und fast

Atemnot, wenn ich mich zu Wort melden möchte, weshalb ich es dann unterlasse. Ich kann nur stotternd und mit Mühe etwas antworten, wenn ich angesprochen werde und darauf nicht vorbereitet bin. Nachts träume ich, mein Chef ist mit mir nicht zufrieden, was in Wirklichkeit überhaupt nicht der Fall ist. Es ist meine Art, mich von Freunden und Frauen bald wieder zurückzuziehen, weil ich wohl fürchte, ich könnte sie enttäuschen und ihre Erwartungen nicht erfüllen. Ich habe Angst, sie würden sich von mir trennen, weshalb ich ihnen lieber zuvorkomme. Früher habe ich aus demselben Grund auch meine Arbeitsstelle oft gewechselt. Immer schon hatte ich panische Angst vor Kritik. Sie trifft mich wie eine totale Ablehnung und ich fühle mich dann oft tagelang wie vernichtet." Dieser Fünfzigjährige ging mit sich selbst genauso um, wie seine Eltern mit ihm umgegangen sind. Wenn er als Kind in seinem Zimmer Schuhe und Hosen nicht aufgeräumt hatte, konnte die Mutter es nicht dabei belassen, dies nun leichthin schnell durch den Sohn in Ordnung bringen zu lassen und damit die Situation zu bereinigen. Immer wurde die ganze Persönlichkeit dieses Kindes in Frage gestellt. „Du bist ein Schlamper, wie soll aus Dir was Rechtes werden …" Fiel ihm etwas aus der Hand und wurde beschädigt, hieß es „Du hast ungeschickte Hände. Dein Großvater war auch so, was der anfaßte, ging kaputt." Der von schwachem Selbstgefühl geprägte Vater übertrug seine starken Selbstzweifel auf den Sohn als sein erweitertes Ich. Dieser Vater hatte aller Realität und Wahrscheinlichkeit zum Trotz sich als Sohn einen vitalen, sportlichen Jungen vorgestellt, der eben ganz anders sein sollte als er selbst war. Unglücklicherweise war dieser begabte Junge dann zu früh eingeschult worden. Es wurde nicht beachtet, daß die kindliche Persönlichkeit in der Gesamtreife und im sozialen Bereich nicht soweit war wie seine intellektuelle Entwicklung. Trotz guter Begabung war dieses Kind darum in der Schulzeit lange überfordert und lebte in der Klassengemeinschaft nur defensiv, auf Selbstschutz bedacht. Dieser Sohn war in doppelter Weise geschädigt worden: Es fehlte ihm das Leitbild von Eltern mit gesundem Selbstwert und damit Selbstvertrauen, was immer auch ein Vertrauen ins Leben ermöglicht. Ihre Selbstwertproblematik ließ die eigene Angst und Unsicherheit in alles Erziehungsgeschehen einfließen und die Zweifel an sich selbst wurden auf den Sohn übertragen. Wenn die ersten Beziehungspersonen in den ersten Ich-Du-Beziehungen den Wert eines Kindes stets in Zweifel und mit negativ besetzter Erwartungsangst sehen, kann es kaum Selbstwert und damit auch keine Selbstsicherheit entwickeln. Sofern mit solcher Verunsicherung im Wertbereich bei Eltern die Liebesfähigkeit eingeschränkt worden ist, was sehr häufig der Fall ist, führt der Weg eines solchen Kindes nicht allein in Selbstzweifel, sondern auch in die allgemeine Verneinung, d.h. in die Depression oder gar Psychose.

Herr N., der oben zu Wort gekommene erfolgreiche Chemiker, konnte lange durch die Flucht in die extreme Leistung und Selbstüberforderung, zum Teil auch durch sexuelle Eroberungen seine Lebensangst abwehren. Nachdem er aber trotz aller äußeren Bestätigung weiterhin im Umgang mit sich selbst sich so verhielt, wie es Vater und Mutter getan haben, zerstörte er immer wieder alle Ansätze zu neuen Beziehungen und aufbauenden Versuchen. Äußerlich hatte er sich früh von seinen Eltern gelöst und sich verselbständigt. Daß er beide in ihrer destruktiven Art in sich und mit sich über mehrere Erdteile trug, dessen war er sich nicht bewußt. Sein bisheriges Leben war ein geradezu erschreckend aufwendiges Ringen um Wert. Die über seine Leistungen erhaltenen Bestätigungen durch die andern reichten hierzu nicht aus. Selbstwerterlebnisse betreffen den ganzen Menschen und können im Gegensatz zu Minderwertigkeitsgefühlen nicht durch Teilbereiche wie intellektuelle Leistung oder Erfolge in bestimmten Gebieten abgedeckt werden, weil es nicht um die Bestätigung von Begabung und Können geht, vielmehr um viel tiefergründiges Angenommensein als Mensch. Hiervon wird noch mehr in diesem Buch berichtet werden.

Zusammenfassend können wir feststellen, daß der zum Glück disponiert ist, der im Vertrauen aufs Glück lebt und dabei sich selbst, seinem Einsatz und dem Leben vertraut. Wer nicht den Mut zum Glück hat, dem wird es nicht zufallen. Dem zum Glück bereiten Menschen widerfahren darum immer aufs neue glückliche Umstände, beschenkende „Zufälle", die voll genützt und angenommen, also gelebt werden können.

Herr N. führt uns in der Zusammenfassung seines bisherigen Lebenslaufs und seinem damit verbundenen Verhalten vieles deutlich vor Augen. Mancher Leser mag sich selbst von solchen Nöten weit distanzieren. Daß jedoch die Angst, sich zu blamieren, viel Spontaneität und Lebendigkeit verzehrt und auch schon eine starke Behinderung sein kann, darüber wird wenig nachgedacht. Die Sorge, nicht perfekt zu sein, sei es in unserer äußeren Erscheinung oder in dem, was wir tun und äußern, führt ebenfalls in diese Richtung. Der Mangel an Sicherheit durch Selbstvertrauen stoppt schon den Versuch, die notwendige Übung, das in jedem Tun unumgängliche Wagnis zu riskieren. Die meisten Stummen in einer Gesprächsrunde könnten ihre Gedanken, Assoziationen oder Gefühle durchaus formulieren und sinnvoller Weise mit einbringen, wenn sie nicht behindert würden durch die Blockade und die Furcht davor, nicht zu genügen oder gar abgewertet oder belächelt zu werden. Dabei sind die überhöhten Normansprüche nicht von den andern gesetzt, sondern stammen aus dem eigenen Innern, von unserem Ideal-Ich und Ich-Ideal. Die andern würden meist mehr tolerieren als wir es uns selbst gegenüber tun.

Jeder denkende Mensch weiß heute, daß großes Bemühen um Anerkanntwerden und Ansehen uns verunsichert und verkrampft. Je weniger ein auf sich selbst zielendes und verbissenes Wollen uns antreibt, umso größer ist die Möglichkeit, daß eine Sache uns gelingt. Dabei werden keine Energien verbraucht, die nicht zum Thema selbst gehören. Dann sind alle Kräfte frei zur Verfügung. In unserem Kulturkreis und in unserem allzu sehr auf Erfolg ausgerichteten Lebenskreis ist es wichtig, sich darüber klar zu werden, daß nicht allein das Ergebnis von Bemühungen und der gelungene, sichtbare Erfolg das Entscheidende sind. Das ist eine allzu nüchterne, rationale Betrachtungsweise, die viele menschlich wesentliche Aspekte unberücksichtigt läßt. Entscheidend ist vielmehr, wie ich mich dabei eingebracht habe, was ich der Sache hinzubringen konnte, wie die andern Beteiligten und ich sich verhielten, um

Lösungen zu finden, Ziele zu realisieren. In vielem Geschehen ist nicht das Ergebnis, das Ziel der Schwerpunkt, sondern der Weg. Auch Umwege können sinnvoll und nützlich sein. Der Mensch mit gesundem Selbstwertgefühl erlebt sich wegen einem Mißlingen oder durch Kritik und Mangel an Anerkennung nicht gleich als ungenügend oder gar als Versager. Man muß sein Tun und sich selbst nicht rundherum in Frage stellen, selbst wenn Fehler unterlaufen sind. Der Ängstliche wird dabei immer leicht vom Wesentlichen und von der neu zu überdenkenden Sache abgelenkt, weil er dabei zu sehr auf seine persönlichen Probleme gedrängt wird. Manche fühlen sich nur wohl, wenn sie ununterbrochen das Gefühl des Gelingens, zumindest aber des völligen Rechtmachens haben. Sie sind gierig nach Wertbeweisen, verlieren sich dabei oft in Kleinkram und Unwichtiges und versäumen dann das Wesentlichere. Ein alltägliches Beispiel sind Frauen, die ihren Haushalt polieren, aber in der damit verbundenen Erschöpfung weder für menschliche Beziehungen, für ihren Partner, ihre Kinder und andere Menschen, noch für sich selbst Zeit und Ruhe haben, weshalb sie ihr Leben nicht gestalten können. Hierher gehören auch Menschen, die ihren Freunden, Bekannten, ihren Kollegen oder in Vereinen nichts abschlagen können, zu allem bereit sind, aber sich darum nicht mehr ihren Nächsten und ihrer eigenen Familie widmen können. Hier läuft alles selbstverständlicher und ohne sichtbares Wichtigsein. Die Lorbeeren des Allerweltshelfers und die Gier nach Anerkennung und Beachtung kann zu Hause weniger befriedigt werden. Hinter dem oft zwanghaften Helfen, Beglücken und Sichzurückstellen verbirgt sich oft ein unbändiger Drang nach Beachtetwerden und Bedeutungssuche.

Wer erkennt in welch breitem Umfang uns Selbstwerterlebnisse und die Bedürftigkeit nach entsprechenden Erlebnissen bestimmen, kann nicht übersehen, daß dies im Umgang von Mensch zu Mensch im privaten und beruflichen Bereich und gerade in unserem Alltag uns alle angeht im Hinblick auf unser Selbstverständnis und auf das Verstehen des andern. Psychologie und Pädagogik und ebenso Arbeits- und Betriebspsychologie haben hier noch ein breites Feld, das der Bearbeitung bedarf. Wenn unsere Selbsteinschätzung die Grundlage ist, aus der heraus wir uns motivieren und gestalten, sollte sie ins Zentrum unserer Aufmerksamkeit rücken, nachdem es sich dabei um ein Grundanliegen des Menschen handelt, aus dem heraus sich die Persönlichkeit aufbaut und das gesunde Ich-Selbst sich bilden kann. Nicht nur die Erziehung im privaten Leben der Familien, sondern ebenso in den Kindergärten und allen Schularten ist von der Methode der Abwertung hinzuführen zu einer Eriehung der Aufwertung und Ermutigung. In den Betrieben ist dann nicht nur Werbe- und Verkaufspsychologie von Bedeutung, vielmehr werden Arbeitgeber ebenso wie die Gewerkschaften erkennen müssen, was im Umgang von Mensch zu Mensch getan werden muß, um Krisen zu bestehen und zu einem Miteinander hinzufinden, das allen Gewinn bringt.

Das sekundäre Selbstwertgefühl
als Ersatzbefriedigung

Nicht wahrgenommen zu werden, der Beachtung nicht wert zu sein, bewirkt tiefreichende Verletzungen vor allem dann, wenn keine Urerfahrung im Geliebtsein vorausgegangen ist. Man wird nur geliebt, wenn man dem andern etwas bedeutet, also einen Wert darstellt. Sich nie im Wertbereich erlebt zu haben und als Folge im steten Zweifel am eigenen Wert zu leben, ist von nicht zu unterschätzender Bedeutung und Auswirkung. Es gibt Menschen, die nichts besitzen, nichts darstellen, nichts gelernt haben, an der untersten Stelle in der Rangskala ihr Brot verdienen und doch wer sind. Sie haben im Beginn ihres Lebens zumindest eine Zeitlang jene Zuwendung und Nähe erfahren, ein Maß an Beachtetsein erhalten, das zur Grundlage wurde für ihre Stabilisierung und Sicherheit. Als Gegenbeispiel sind die Kinder aus Familien anzuführen, die zum höchsten sozialen Rang gehören und alle äußeren Chancen haben, um sich oben zu fühlen und sich in der Wertskala hoch einzustufen. Wer nicht unmittelbaren Kontakt und erste innige Beziehungserlebnisse hatte, wird dennoch von Mangel geprägt ... Wer nicht Zuwendung von einem Menschen erfährt, dem er etwas bedeutet, was immer auch bedeutet, eine emotionale Verbindung zu entwickeln, wird in seinem Selbstwert wenig gefestigt sein und damit weniger Belastbarkeit im seelischen Bereich aufbauen können ... Wer in einer bevorzugten Umwelt und den damit verbundenen Beziehungspersonen, zu denen man gehört, groß wird, dem werden dadurch mehr Möglichkeiten geboten, sich äußere und oberflächliche Anerkennung zu holen. Eine Ersatzbefriedigung wird auch damit angestrebt, daß über die Identifikation Ich-Stärkung ge-

sucht wird. Dies geht über den Familienstatus, den Bildungs-
rang der Familie, den erfolgreichen oder klugen Vater oder
eine beachtete Mutter, den Besitz und den damit verbundenen
Rückhalt und Prestige oder was es auch in solchen Familiensi-
tuationen an Möglichkeiten gibt. Über die Identifikation wird
ein *sekundäres* Selbstwertgefühl aufzubauen versucht.

Aus solchem Zusammenhang heraus ist verständlich,
warum Kinder an solchen Müttern und Vätern oder Familien
im weiteren Sinne, eben an den aufwertenden Identifikations-
objekten besonders hängen. „Warum sprichst du so feierlich
von deinem Vater ... warum besuchst du ihn immer wieder, obwohl er dich jedesmal enttäuscht, dich nicht ernst nimmt, sich
nie für dich interessiert hat, und eigentlich außer Demütigung
nichts bringt?", fragte ein Gruppenmitglied einen Mann, der
unter einer negativen Vaterbeziehung sein Leben lang sehr zu
leiden hatte, jedoch noch zu schwach war, sich von dem har-
ten, starken, erfolgreichen und bewunderten Vater zu lösen
und in äußere wie auch innere Distanz zu gehen. „Weil ich bisher immer noch gern seinen Namen getragen habe. Ich weiß
zwar im Kopf immer mehr, daß ich durch die Identifikation
mit ihm, durch meine Teilhabe an ihm mich innerlich aufge-
plustert habe. Ich war stolz darauf, daß er Gemeinderat war,
als beruflich erfolgreich geehrt wurde. Ich nahm seine Anerkennung unbewußt auch für mich in Anspruch und sonnte
mich in seinem Glanz. Mein Verstand sagt mir, daß dies Selbstbetrug ist. Selbst wenn er ein solcher Prachtskerl gewesen
wäre, muß ich für mein eigenes Leben stehen. Aber ich weiß
auch, daß er gar kein Mann war, den man hätte achten müssen,
weil ich ihn zu Hause oft als widerlich, brutal, tyrannisch und
unehrlich erlebte. Mein Verstand sieht dies alles ganz klar.
Aber mein Herz will dies gar nicht wissen. Das unsichere Kind
in mir will seinen Vater bewundern. Wenn er nichts mehr ist
und die ganze Fassade zusammenbricht, bin ich auch nichts
mehr ..." Wer über seine Eltern, seine Sippe, seine Position,
sein Wissen, seinen materiellen Status sich Wert beizumessen
versucht, ist damit abhängig und steht nicht auf eigenen Füßen. Die andern bemerken meist unbewußt, wenn es um gelie-
hene Werte geht und die Persönlichkeit mehr auf andern steht

als auf sich selbst. Solche Menschen sind nichts mehr, sofern sie z. B. ihre gute Stellung verlieren oder pensioniert werden und fallen dann ins Nichts, was bei vielen auch zu einem raschen Tod führt. Wenn sie ihr Vermögen verlieren oder Einbußen in irgendwelchen ihnen bedeutsamen Zusammenhängen erleben müssen, führt dies zu schweren Erschütterungen bis hin zu Erkrankungen an Leib und Seele. „Ich will nicht mehr … habe keine Lust mehr zu leben …", sagte eine Frau, die ihren Mann verloren hatte und damit viel Ansehen und Beachtung, die ihr über ihn und seinen Bekanntheitswert ebenfalls zugeflossen war. Entscheidend ist in solchen Reduktionen des äußeren Lebens nicht der Verlust äußerer Dinge, vielmehr die dabei empfundene Einbuße des Selbstwertes, eben weil es sich um ein sekundär aufgebautes Selbstwertgefühl handelt, erworben durch Identifikation und Ersatz für den Mangel an frühen und auch späteren Erlebnissen von Wertbeziehungen. Denn wer die frühe Innerlichkeit von Liebes- und Bedeutungswerten nicht erfahren durfte, entwickelt meist wenig Fähigkeiten, selbst im emotionalen Bereich lebendig und kreativ zu sein, so daß sich dann bei vielen ganz von selbst der Weg in die Veräußerlichung und Ersatzbefriedigung anbahnt. Dann wird wichtig und bedeutsam, was andere weniger ernst nehmen. Die Rangordnung der Dinge verschiebt sich dadurch wesentlich. Kohut hat die Entwicklung des „idealisierten Objektes" als psychologischen Entwicklungsschritt auf dem Weg zur Ablösung hin zur Selbstfindung beschrieben. Die Idealisierung und die Allmachtsvorstellungen von den ersten Beziehungspersonen, normalerweise von den Eltern, sind nicht allein für die Zuneigung für das Kind von großer Bedeutung, sondern für die Entwicklung des werdenden kleinen Menschen etwas Grundlegendes im wörtlichen Sinn. Um die Erlebnisse kindlicher Schwäche und Ohnmacht zu bestehen, bedarf es eines Ausgleichs durch die Teilhabe am Mächtigen. Dies erfolgt über die Identifikation. Das Erleben und Wissen um die Teilhabe am Starken ist der entscheidende Schritt hin zur Ermutigung oder in die Entmutigung. Hier ist die psychologische Erklärung, warum manche Kinder an Vätern oder Müttern hängen, sich schlagen und plagen lassen und ihnen doch Bewunderung entgegenbringen. „Ich wußte um die Unehrlich-keiten und üblen Verhaltensweisen meines Vaters gegenüber meiner Mutter. Aber ich bewunderte seine Stärke, seine männ-liche Art. Er war für mich immer der Größte. Wenn er log und betrog und sich so verhielt, daß ich ihn verachten mußte, litt ich unsagbar. Tagelang trauerte und kümmerte ich vor mich hin. Es war der Schmerz, den vermeintlich großen, starken Va-ter in seiner Erbärmlichkeit zu sehen. Innerlich hielt ich lange Reden der Entschuldigungen für ihn. Meine kindlichen Ge-bete waren darum bemüht, für ihn auch vor Gott Nachsicht zu erringen. Ich litt unsagbar unter dem Verlust meines Vater-Ide-als. Es war mir, als würde von mir selbst ein wesentlicher Teil zerstört. Ich habe viele Jahre gebraucht, bis ich seine Nichtig-keit aushalten konnte und mich nicht mehr selbst davon be-troffen fühlen mußte." Dies schrieb ein Vierzigjähriger, der seine Umwelt und sich selbst immer wieder dadurch überfor-derte, daß er zu hohe Anforderungen an alle und vor allem an sich selbst stellte.

Wenn Kinder durch belastende, negative Elternerfahrungen die Phase des idealisierten Objektes im Aufbau des eigenen Wertseins keine positive Teilhabe erleben können, kann dies folgenschwer und bedeutungsvoll werden. Sofern keine Er-satzpersonen und -möglichkeiten der Identifikation gefunden werden, kommen Kinder von dieser Entwicklungsstufe nicht los. Sie klammern sich dann an das, was in irgendeiner Weise sie erhöht und Selbstgefühl stärkt, was bei manchen bis zur Selbsterniedrigung gehen kann. Auch das Mangelleiden an Zuwendung und Bestätigung in dieser Zeit des Wunsches und entwicklungsnotwendigen Bedürfnisses nach innigem Kontakt mit den Bewunderten, Stärkeren, Mächtigeren bleibt nicht ohne Folgen. Dies gilt in verstärktem Maße für erfahrene Ab-lehnung und Demütigungen, auch für Ironisierung, was der empfindsamen Psyche von Kindern und Heranwachsenden zum Schaden wird in dem Aufbau des Selbstwertes und damit zur Eigenständigkeit und Stärke. Der von Trauer und Schmerz begleitete Prozeß der Realitätswahrnehmung beim idealisier-ten Objekt ist zugleich ein Zurücknehmen der Identifikation und damit die notwendige Distanzierung auf dem Weg zur

Ich-Selbst-Findung. Die Ideale werden von der Außenwelt zurückgenommen, Projektionen werden aufgelöst. Es erfolgt beim Kind und Heranwachsenden die Introjektion. Das Zurücknehmen der Ideale bedeutet in der kindlichen Entwicklung die Verinnerlichung. Dann müssen nicht mehr beim andern Menschen und in der Außenwelt Vollkommenheit und idealisierte Objekte gesucht werden. Es vollzieht sich damit eine gewisse Befreiung von der Abhängigkeit von solchen Bedürfnissen. Ich muß den andern nicht mehr zu meiner eigenen Befriedigung andichten, was ich gerne in ihnen sehen und finden würde. Das Zurücknehmen der Idealisierungen führt in der Entwicklung des Kindes zur Hereinnahme der Ideale in die eigene Psyche, was wir Verinnerlichung oder Introjektion nennen. Im Innern entwickeln sich nun allgemeine Idealvorstellungen, man könnte sagen die Ahnung oder ein Entwurf von dem, was das Große, das Gute, das Schöne, das Vollkommene ist. Solche idealisierten Leitbilder führen zum Ich-Ideal, das eine regulierende und ausrichtende Funktion hat. Es ist mehr als ein kindliches Gewissen, als ein introjiziertes Über-Ich. Wir wissen, daß ein überdehntes Über-Ich den Menschen foltern und quälen kann. Wenn das Ich-Ideal zu hoch gesteckt wird und die Fähigkeit zur Wirklichkeitsannahme, der Mut zum Tatsächlichen gering ist, kann das Ich-Ideal peinigend und entfaltungshemmend wirken. Auch hier können intrapsychische Zwänge entstehen. Dadurch ist die Enttäuschung im extrapsychischen Bereich, das Leiden an der Welt nach innen verschoben. Dafür steht nun das Leiden an sich selbst. Beides ist qualvoll, weil die Beziehung zur Wirklichkeit und das Lernen und Wachsen an ihr, wie auch die Möglichkeit zur Freude erschwert wird. Eine stete Fehleinschätzung meiner selbst und der andern führt unentwegt in Enttäuschung und letztlich in Pessimismus. Es verhindert das Annehmen von sich selbst. Wie sollen wir aber mit uns zurechtkommen, uns selbst helfen, fördern und verwirklichen, wenn wir uns mit uns selbst nicht gut vertragen und uns in unserem persönlichen Menschsein nicht akzeptieren können? Wir müssen uns dann Werte ausleihen, die uns wie Krücken helfen sollen. Es gibt unendliche viele „seelische Ersatzteile".

Ein Patient aus dem Adel hat bis in seine Träume hinein darunter gelitten, daß seine Großmutter vorübergehend psychotische Zustände hatte. Dabei ging es ihm nicht um hypochondrische Angst im Hinblick auf sich selbst oder seine Kinder. Das Aufregende für ihn war eindeutig die Tatsache, daß Leute in der näheren Umgebung von seinem Wohnsitz davon erfahren hatten. Sein Reichtum und Besitz und der damit verbundene hohe Rang, sein durch seinen Adel erhaltenes Prestige, seine Überlegenheit über andere durch sein Wissen in bestimmten Bereichen, alles war nichts mehr bei dem geringsten Verdacht einer Einschränkung seines Images. Solche Reaktionen und Beunruhigungen zeigen das Ausmaß, wieviel Ersatzwerte benötigt werden. Über den Zwang der Perfektionisten und die damit verbundene Psychodynamik wird im Kapitel über den Narzißmus ausführlicher berichtet.

M. R. mußte in einer teuren Wohngegend und Wohnung leben, obwohl er darum sich nicht ordentlich ernähren konnte. Er konnte es nicht ertragen, als Mensch ohne das Renommee der Vornehmheit zu leben. Er war nichts, aber sein vermeintlich guter Ruf war ihm alles. Wer zu wenig er selbst ist, fühlt sich im Eigenwert davon bestimmt, wie die andern ihn sehen und was sie ihm an äußerer Anerkennung zukommen lassen. R. O. gab viel Geld aus, indem er stets splendid war, andere freihielt, teure Einladungen und Essen veranstaltete, obwohl er auf seinem Haus viel Schulden mit hohen Zinsen hatte und seine Frau mit den Kindern während der Woche mehr als nur sparsam leben mußte. Er traute sich nicht zu, Freunde zu finden, Beachtung und Geltung zu erreichen, ohne die andern käuflich zu erwerben. Im Grunde ist es dasselbe, was Kinder machen, die ihren Eltern etwas Geld stehlen, um dann beim Bäcker die andern zu Eis einzuladen, oder zu Hause Zigaretten und Schokolade wegnehmen, um sie andern zu schenken. Die zwanghafte Werbung, um beachtet zu sein, die Anstrengungen und Verrenkungen, um anzukommen, sind weit verbreitet und würden uns rühren und Mitgefühl erwecken, wenn wir die psychologischen Zusammenhänge jeweils durchschauen und den Hunger nach Wertsein erkennen können.

Kinder sind besonders erfinderisch in ihrem Bemühen,

nicht ganz und gar übersehen zu werden. Sie scheuen sich auch nicht, den Weg über unangenehmes Auffallen zu wählen, auch wenn dies mit Strafe und Schmerz verbunden ist. Es wird vieles in Kauf genommen, um Wertdefizit auszugleichen. Wenn Kinder Ärger verursachen, auffällig werden, um dann endlich wahrgenommen zu werden, ist dies eindeutig von größerer Bedeutung als das Unangenehme, was dann als Begleiterscheinung auftritt, wenn man ausgeschimpft wird, lange Vorhaltungen über sich ergehen lassen muß, oder gar Schläge bekommt. Peter Rosegger, ein österreichischer Erzähler, konnte dies in seiner Sensitivität gut erkennen und auch formulieren. Er berichtet aus seiner Kindheit, daß er tagsüber eine Menge angestellt hat, was abends dem Vater berichtet wurde und dann immer eine Tracht Prügel zur Folge hatte. „... die Schläge prasselten wie ein Segen auf mich nieder" schrieb er als erwachsener Mann, der erkennen lernte, in welch merkwürdiger Weise er bemüht war, von seinem Vater als Sohn Zuwendung zu bekommen.

Die meisten Menschen haben zu wenig Werterlebnisse erfahren und sind darum ausgehungert nach Beachtung und Anerkennung. Es bedarf zu dieser Betrachtung keiner großen Aktionen, vielmehr gibt das ganz alltägliche Geschehen genug Gelegenheit, wenn wir andere tatsächlich wahrnehmen können. Jeder kann dies selbst erproben und wird staunen, wie der andere sichtbar auflebt, wenn wir ihm in irgendeiner Weise kundtun, daß wir ihn beachten. Ein wenig Zuwendung löst fast bei allen Menschen positive Reaktionen aus. Es läßt sich leicht ein gutes Verhältnis aufbauen, erleichtert den Ablauf alltäglichen Geschehens, wenn wir der Nachbarin, dem Kollegen, auch der uns ferner stehenden Verkäuferin ein wenig Beachtung zukommen lassen. Es muß jedoch auch stimmen, was wir sagen und darf nicht als psychologischer Trick eingesetzt werden. Psychologische Manipulationen wirken auf die Dauer nicht und führen beim andern früher oder später zu Abwehrmechanismen und Mißtrauen. Wer als psychologischer Heilbringer in seiner Umwelt ringsherum Bonbons verteilt, wirkt unecht und auf manchen geradezu provozierend. Man fragt sich, was dabei an Eigenbedürfnissen in dieser Rolle agiert wird.

Die meisten unter uns sind von kleinauf gewohnt, daß Negatives beachtet, über positive Erscheinungen jedoch im allgemeinen hinweggegangen wird. Wir erleben in der Gruppe mit Selbsterfahrungsübungen, wie schwer es den meisten fällt, anerkennende Gefühle dem andern mitzuteilen und auch sich selbst gegenüber ins Bewußtsein treten zu lassen. „Was soll ich denn meiner Wohnungsnachbarin sagen ...?" fragte ein intelligentes und in vielen Bereichen sensitives Gruppenmitglied, das mit Scheuklappen durch die Welt ging und nur in einem schmalen Ausschnitt die Umwelt wahrnehmen und beantworten konnte. Sie lernte durch bewußte Übungen erst zu sehen: Die liebevoll gepflegten Balkonblumen der Frau, die nebenan wohnte auf demselben Stock, ihre fröhlichen und bei allem Lautsein höflichen Kinder entdeckte sie, die Bereitschaft der andern, beim entfernt gelegenen Einkaufsgeschäft etwas mitzubringen. In ihrer Distanziertheit und bei ihrem eingeengten Verhalten war dies alles nicht aufgenommen worden. Wenn wir die andern wahrnehmen, sie beachten und ihnen davon kundtun, bereichern wir nicht nur den Alltag der andern, sondern auch unseren eigenen. Positive Kontaktaufnahme bringt eine Menge auf beiden Seiten in Bewegung, wenn es um die echte innere Zuwendung zum andern geht, was auch Teilnahme auszulösen vermag und die Grundlage ist für Kontakte. Viele Einsamkeiterlebnisse beruhen darauf, daß in der Umwelt kaum etwas wahrgenommen und erst recht nicht im Gefühl aufgenommen wird, weshalb dann auch Beziehungserlebnisse selten möglich sind. Die eine ältere Hausbewohnerin ärgert sich nur, wenn Kinder gelegentlich für ihren Geschmack zu laut sind. Die andere schenkt ihnen ab und zu Erdnüsse und erzählt ihnen eine Geschichte. Jeder von uns weiß, was diese Kinder zu mehr Lautstärke animiert und was zu ein wenig Rücksichtsnahme führt. Wer sich häufig ärgert, sollte – sofern ihm dies überhaupt bewußt werden darf – darüber nachsinnen und nachfühlen, ob er mit sich selbst auch mehr unzufrieden als zufrieden ist, bei sich das Negative betont und das Positive zu sehen ihm äußerst schwerfällt. Obwohl gerade solche Persönlichkeiten besonders hungrig sind nach Bestätigung, müssen sie sich in ihrem circulus vitiosus stets abwerten, vollziehen dies nach, was sie von andern erfahren haben. Sie ärgern sich über sich, so wie Mutter und Vater, die Lehrer und wer auch immer sich ihnen gegenüber verhalten haben, wenn nicht alles nach dem Gewünschten und Erwarteten ablief. Manche Paare kommen voneinander nicht los, weil sie sich zum gegenseitigen Ärgern brauchen und zu den damit verbundenen eingeschliffenen Verhaltensformen. Sich übereinander ärgern ist dann auch eine Beziehungsform, zwar eine negative, aber doch eine Art von Wahrnehmung und Beachtetsein.

Der Mensch ist in solch grundsätzlicher Weise im sozialen Kontakt verankert, daß er ohne ein Minimum von Beachtung durch den andern im Grunde nicht leben kann und entsprechend dem Ausmaß seines Mangels darbt und kümmert. Teilhaben am andern, Kontakt von mir zu ihm und von ihm zu mir reichend, ist ein Urbedürfnis. Keiner ist sich selbst genug. Auch der einsamste Dichter schreibt, um gelesen zu werden. Der Maler versteckt seine Bilder nicht, um sie selbst zu genießen, vielmehr legt er größten Wert darauf, daß seine Bilder gesehen und aufgenommen werden durch die Betrachter. Wer weiß, mit wieviel Wichtigkeit Wissenschaftler, die ganz in sich verkrochen und ohne menschliche Kontaktpflege leben, bestrebt sind, ihre Arbeiten zu veröffentlichen und vor allem ihre Namen bekanntzumachen, kann ahnen, in welchem Maße wir alle den andern brauchen, hinter aller Kontaktscheu doch suchen und vom Beachtetwerden abhängig sind auch dann, wenn dies nicht durch persönlichen menschlichen Kontakt erlebt werden kann. Mein Selbstwertgefühl ist zum allergrößten Teil davon geprägt, was ich andern wert bin. Dabei ist ein dauerhaftes, vertrautes und ganz persönlich geprägtes Beziehungs- und Werterlebnis für die Selbstsicherheit viel bedeutsamer als die Anerkennung, die über sekundäre Identifikationen oder über Anerkennungswerbung erreicht werden.

Um sich selbst besser verstehen und bewußter leben zu können, ist es wichtig, bei sich zu klären, wem und in welcher Weise man etwas wert sein konnte und wert sein möchte. „Mein Großvater war mir wichtig und ich ihm auch. Nie vergesse ich die glücklichen Spaziergänge mit ihm. Ich weiß, wie wohlgesinnt er mir war. Auch wenn ich heute an ihn denke, wird mir ganz warm ums Herz. Ohne die Erlebnisse mit meinem Großvater wäre mein Leben ärmer gewesen." Dieser Großvater war wohl der einzige, der die sensible und gefühlsbegabte Art dieses Kindes wahrgenommen hat und richtig beantworten konnte, nämlich mit einer entsprechenden Emotionalität. Der Vater hatte sich seinem Sohn nie gewidmet und speiste ihn während der ganzen Kindheit und Jugend materiell ab. Die Mutter war der Schwester mehr zugeneigt und hatte ganz verborgen eine gewisse Ablehnung gegenüber allem Männlichen. Die Tochter war ihr vertrauter und näher. Der Sohn war nicht ganz angenommen, obwohl er beim Ehemann und dessen Familie bei der Geburt als Sohn zunächst Prestige und Selbstgefühl einbrachte, die Tochter aber war im Grunde für die Mutter bedeutsamer und konnte vorbehaltslos wahrgenommen und geliebt werden.

Es ist zur Überwindung von blindem Agieren und zwanghaften psychischen Abläufen notwendig zu wissen, wie wir sekundäre Wertfindung angestrebt haben und auch noch anstreben, ebenso in welcher Weise wir Ausgleich suchen und suchten für Mangel an wahrgenommen werden. Unser Verlangen nach Nähe und Zärtlichkeit im leiblichen wie im seelischen Bereich hängt mit dem Wunsch nach Beachtung, Zuwendung und Wert-sein aufs Engste zusammen. Überall entstehen Schädigungen oder gar Verletzungen, wenn das elementare Streben und Verlangen nach Wertteilhabe frustriert wird. Wie schmerzlich und lange Zeit anhaltend leidvoll Ablehnung und damit verbundene Isolierung auszuhalten ist, davon wissen die Flüchtlingsfamilien und die Flüchtlingskinder aus der Nachkriegszeit viel zu berichten. Was die Einheimischen ihnen gegenüber an Brutalität im Gefühlsbereich und an Primitivismen aktualisiert haben, ist erschreckend. Dies drückt auch aus, in welchem Maße diese sich durch den Fremden bedroht fühlenden Einheimischen in ihrem Selbstwert und der damit verbundenen Selbstsicherheit auf schwachen Füßen standen und sich als Einheimische zusammenrotteten, um sich dadurch Bevorzugung und über den Gruppenwert Selbsterhöhung erteilten. „Warum schlagt ihr Udo in jeder Pause?" „Weil er nicht zu uns gehört …", war die Antwort. In solcher Weise wurde auch bei den Erwachsenen der aufgenommen, der im eigenen Land durch den Krieg in Not geraten war. Der oft an Leib und Seele brutal geführte Kampf um die eigene Wertrangordnung verbunden mit ganz persönlichen Erfahrungen als Jude führten darum Sigmund Freud dazu, den Menschen nicht als Wertsucher und Wertverwirklicher zu sehen. Er erlebte ihn als eine durch eine dünne Kultur- und Zivilisationsschicht verdeckte Bestie, die sich jederzeit aktualisieren kann, wenn der Damm einer von der Menschheit erst spät erworbenen Bändigung der blinden Triebhaftigkeit überschwemmt wird oder einbricht.

Viele vermögen nicht als einzelner ihren Wertzuwachs und Wertanteil, auch nicht den Ersatzwert suchen, weshalb der Weg über die Gruppe gesucht wird. Mehrere beisammen sind immer mehr als einer allein. Oft entsteht durch solche Gruppenbildungen eine recht willkürliche und von der Sache her keineswegs sinnvolle oder gerechtfertigte Art, sich durch die Zugehörigkeit irgendein Recht oder eine Bedeutung abzuleiten. Das Sich-Zusammentun entspringt nicht einer sachbestimmten Motivation, vielmehr psychischen Bedürfnissen, die Ausgleich suchen. Über die Zugehörigkeit zu andern und über die Addition durch die Zahl läßt sich Stärke und Aufwertung leichter erreichen. Dies kennt jeder. Als Übergang zur Selbständigkeit wird darum von vielen nach den Ablösungsversuchen aus der Familie ein Ersatz in Gruppenzugehörigkeit gesucht. Wohngemeinschaften werden oft als Familienersatz und Überbrückung gewählt, bis größere Verselbständigung erreicht ist, die eine andere und ganz persönliche Lebensgestaltung wie auch die reifere Zweisamkeit ermöglicht.

Als Kind schon ist man mutiger oder auch frecher, wenn einige andere hinter einem stehen und man nicht auf sich allein nur rechnen kann. Aber auch wir Erwachsene wagen viel mehr, wenn wir sicher sind, daß andere mitmachen, auch ihre Meinung sagen, unser eigenes Tun bestätigen, oder gar uns ihr Prestige verleihen. Vereine und Clubs setzen oft Normen bei der Mitgliedschaft voraus, die schon eine Rangordnung gegenüber den andern beinhalten. Dabei ist der Kontaktzuwachs nicht eben groß, jedoch das Zugehörigkeitserlebnis bringt Gewinn. Solches Bedürfnis und Suchen nach Dabeisein und kollektivem Angenommensein ist legitim. Es war immer zu allen Zeiten und in allen Entwicklungsstufen der Menschheit von Bedeutung.

Um uns und mit uns leben Mitmenschen, die in ganz verschiedener Weise ihren Selbstwert aufbauen, entwickeln oder kompensieren lernten. Obwohl viele in unserer Gegenwart sich immer mehr von formalen Rangwerten und damit verbundenen Äußerlichkeiten zu lösen bemüht sind, werden doch die allermeisten von uns davon unbewußt viel mehr bestimmt, als dies erkannt wird und als wir wahrhaben wollen. Im Gegensatz zu früheren Zeiten, da mit Rangordnungen auch gewisse Verhaltensweisen verpflichtend gekoppelt waren, entwickelte sich in unserem Jahrhundert zunehmend der Haben-Status im Gegensatz zum Können- oder Seins-Status. Dies ist zweifellos eine Regression, die uns ein platter Materialismus beschert hat. Die Unterscheidung zwischen Haben, Sein und Können wurde verwischt, und zwar auf allen Ebenen. Wer ein großes Auto hat, glaubt, er sei entsprechend jemand. Ein Titel, eine Ausbildung, die man hat, gewährt keine Aussage, wie wir als Mensch sind. Fatal ist dabei nicht nur der Selbstbetrug solch unkritischer Gleichsetzungen, sondern auch die Leichtgläubigkeit und infantile Unfähigkeit zur Unterscheidung von seiten der Umwelt. Die Ablehnung von Äußerlichkeiten bei vielen Jugendlichen, das oft hochgespielte Bedürfnis nach Gleichmacherei, die Negation der Unterschiede, all dies ist in solchem Zusammenhang zu verstehen. Das Verlangen nach Bewußtseinserweiterung, das zum Anliegen vieler geworden ist, bedeutet vor allem Unterscheidungsfähigkeit zu erlernen und führt dahin, Scheinwerte als solche zu erkennen.

Der bewußt lebende Mensch vermag in unserer Zeit sein Selbstwertgefühl immer weniger über kollektive Werte und Angebote aufzubauen. Er kann sich mit einem bürokratisierten Staat, mit einer institutionalisierten Kirche, mit formalen Familien- und Sippenidentifikationen nicht mehr so leicht selbst finden, wie dies in früheren Zeiten dem einzelnen möglich war. Die Suche nach einem Begegnen im eigenen Innern, der Aufbruch zum eigenen Selbst, der unendlich viele Mißverständnisse heraufbeschworen hat, ist die Suche nach Bewußtwerden des eigenen inneren Wert- und Sinnzusammenhangs. Damit werden ganz neue Aufgaben gesetzt, wird neue Hingabe möglich, ist jeder einzelne angesprochen und gefordert, seinen Wert einzubringen, sich im Wertbezug des Ganzen zu erleben. Wert ist immer in Bezug auf eine Ganzheit zu verstehen. Das Selbst ist nur dann mehr als ein bloßes Ich, wenn es hinführt zu größeren Zusammenhängen, also das Ich übersteigt. Diese Erkenntnis ist darum bedeutsam, weil sie bei entsprechender Unterscheidungsklarheit uns davor bewahrt, irrtümlicherweise unser Ich zu zelebrieren in der Vorstellung, einen Teil unseres Selbst gefunden zu haben.

Die Gefahr des Mißbrauchs der Psychologie ist für uns alle gegeben. Selbst*erfahrung* setzt voraus, daß wir emotional und ganzheitlich ergriffen werden von dem, was wir über uns selbst erkennen lernen. Dies unterscheidet sich ganz wesentlich von psychologischen Reflexionen über sich selbst. Dies ist ein intellektualisierendes und psychologisierendes Vorgehen, das von vielen genüßlich betrieben wird. Selbsterfahrung ist schmerzlich und verlangt uns entsprechende Reaktionen ab.

R. S. wußte, daß er den Tag schwer beginnt, mühsam aus dem Bett kommt und wenig Schwung für seine täglichen Aufgaben mitbringt. Er versuchte diese Erkenntnis abzuwehren, indem er sie intellektualisierte. Dies ist eine Form der Abwehrmechanismen. R. S. entschuldigte sich mit einem etwas niedrigen Blutdruck. Er wollte nicht wissen, daß viele mit einem wesentlich niedrigeren Blutdruck sich dennoch anders verhalten. Als ihm in Gruppenarbeit sein Schlupfloch und sein Abwehrverhalten nahegebracht worden waren, ging er zum Psychologisieren über. Die Gruppe half ihm zunächst, die Hintergründe zu seinem Verhalten aufzudecken. Es wurde darüber nachgedacht und nachgefühlt, warum er sich gerne Aufgaben und Forderungen entzog. Dabei stieß man auch auf seine Neigung, nicht ganz ins Erwachsenendasein eintreten zu wollen, was sich in jugendlichem Gehabe und entsprechender Selbstdarstellung kundtat, in Kleidung, Haarschnitt und vielen Kleinigkeiten, die im Grunde belanglos sind, jedoch etwas von ihm ausdrückten. Schließlich kam zur Sprache, daß er ein äußerst negatives Leitbild in seinem Vater hatte, der dies im

Grunde sein ganzes Leben lang ebenfalls nicht vollziehen konnte, nämlich seiner Altersstufe gerecht zu werden, das jeweilige Tagwerk selbstverständlich auf sich zu nehmen. Damit fehlte die Identifikationsmöglichkeit mit einem erwachsenen Mann, der sich dem Leben stellte und Lust und Liebe mitbrachte für das, was sein Tag ihm abverlangte. R. S. erkannte dies alles als zu ihm und seiner bisherigen Entwicklung gehörig. Nun wußte er mehr über sich und sein bisheriges Leben. Dies führte bei ihm jedoch nicht zur Selbsterfahrung. Als seine Frau mit kleinen Kindern und allem Drum und Dran zum Ferienaufbruch morgens beschäftigt war, machte sie ihm Vorhaltungen darüber, daß er auch diesmal nicht rechtzeitig aufstand. Seine Reaktion war:„... aber Du weißt doch, daß ich hier eine Schwäche habe ...“ Nachdem er nun rational und psychologisch sein Fehlverhalten begründen konnte, erwartete er, daß seine Partnerin dies schlicht zu akzeptieren und zu ertragen hatte. Wer seine Probleme und Unzulänglichkeiten als Selbst*erfahrung* erlebt, entwickelt eine emotionale Stellungnahme zu sich selbst. Dann kann man nicht ewig auf seine Eltern oder sonstige Lebensumstände zurückgreifen und sich selbst unzuständig fühlen. Es gibt etwas wie ein Schamgefühl gegenüber seelischen Blößen. Wo keine emotionalen Stellungnahmen sich selbst gegenüber möglich sind, bei Egozentrikern und Autisten, ist die Entwicklungschance äußerst gering. Die Reaktionen unseres Gefühls in der Selbsterfahrung setzen uns normalerweise zu uns selbst in Gang. Egozentriker erschrekken nie über sich selbst. Sie delegieren ihre Probleme gerne an ihre Nächsten, ohne zu bemerken, wie sehr sie ihre Fehlhaltungen pflegen und als das Normalste der Welt finden. „Meinen Mann stört es nicht, daß er so ist wie sein sehr neurotischer Vater und die gleichen Verhaltensweisen entwickelt. Er weiß, daß sein Vater ein schwer gestörter Mensch ist. Trotzdem bewundert er ihn und identifiziert sich mit ihm wie ein Kind.“ Dies formulierte eine Frau, deren Partner in der dritten Generation das Drama der Egozentrik inszenierte. Bei R. S. reichte es gerade dazu, die von den andern vorgehaltene Mühe beim Aufstehen und die Verweigerungsproblematik einzugestehen. Dies fand er schon recht großartig. Daß er jedoch ein Mensch ist, der nicht an sich zu arbeiten bereit ist und keine Lust hat, mehr über sich und auch über die Beziehung zu seinem Vater nachzudenken, das wollte er nicht wissen. Er kam in die Gruppe und glaubte, mit mehr Psychologie läuft alles von alleine oder ist durch psychologische Erklärungen gerechtfertigt. Es war ihm bisher nicht bewußt, daß seine Frau ihn stets mehrmals bitten mußte, für sie oder die Kinder etwas zu tun. Er ließ gerne alles anstehen in der, nehmen wir an, unbewußten Hoffnung, daß sie es bei solcher Langsamkeit schließlich doch selbst tut. Wie gut er für sich selbst sorgen konnte und wie knauserig er auch in materieller Hinsicht auf seine Vorteile bedacht war, drang nie in sein Bewußtsein. Die Folge war, daß er die Zuneigung seiner Frau abbaute und für sich selbst kein gesundes Selbstwertgefühl entwickeln konnte, was zu entsprechenden Kompensationen führte. Er wurde wie sein Vater ein tyrannischer Perfektionist. Seine großartige Nachsicht mit sich selbst war mit verborgenen Ängsten verbunden, die er durch zwangähnliche Verhaltensweisen abwehren mußte. Es ging ihm in seinen Egoismen noch zu gut, die Partnerin war zu sehr co-neurotisch und entgegenkommend, so daß kein Leidensdruck entstand und er sich auf Kosten der andern ganz gut aufbauen konnte, materiell und auch seelisch.

Wer ein schwaches Selbstwerterleben hat, hält in neurotischer Weise an Identifikationen fest und findet nicht zur eigenen Identität. Dann können negative Gefühle über sich selbst und die damit verbundene Mühe der Aufarbeitung nicht zugelassen werden. Die zuweilen an sich selbst zweifeln und damit etwas in Gang setzen ohne zu verzagen, sind viel lebendiger als alle mit dem Panzer intellektueller und psychologischer Angstabwehr, die sich oft vordergründig dem Laien als Stärke und imponierendes Gehabe darbietet. R. S. zeigt uns, daß intaktes Fühlen im Bereich der Selbstkritik die Grundlage ist für Selbst-*erfahrung* und damit für eine gesunde Entwicklung, die ohne „Aufräumarbeiten" nicht gelingt.

Kindern und jungen Menschen ihr gesundes Fühlen, ihren Affekt abzuerziehen ist ebenso gefährlich wie Erwachsene als Leitbild zu haben, die immer Recht haben, alles wissen und fehlerlos sind. Ein Ausweg ist für manche, sich mit diesen Vätern und Müttern zu identifizieren, sie zu introjizieren und ebenso zu werden, wie sie sind, wenn die eigene Identität nicht gelingt.

Seit dies durch die Psychoanalyse erkannt wurde, können viele Verhaltensweisen in ihren psychologischen Zusammenhängen erklärt werden. Über den Abwehrmechanismus durch Introjektion kann viel Selbstentfremdung im eigenen Innern entstehen. Durch solche Erkenntnisse und das Erlebnis, sich selbst fremd zu sein, entwickelte sich zunehmend die bewußtwerdende Suche nach dem eigenen Selbst.

Das Drama nicht zu genügen

Frau L. M., eine fünfunddreißigjährige Sozialarbeiterin, hielt sich in der Gruppenarbeit immer sehr zurück und alle fühlten, daß sie sich nicht offen mitzuteilen wagte, wenn es um ihre Vergangenheit ging. Durch einen Traum wurde das Thema angerührt, dem sie sich immer mit Geschick entzogen hatte. Über ihre Traumbilder kam nun die Mitteilung ihrer Psyche, sich doch an diese Thematik heranzuwagen, entgegen ihrer bisherigen Verdrängung sich zu stellen. Mit einer ihr sonst nicht zur Verfügung stehenden Gewandtheit huschte sie wie ein Wiesel in Schlupflöcher, konnte virtuos Fragen überhören oder so beantworten, daß der Weg der Antwort ein neues Thema eröffnete und sie vom anstehenden Problem ablenken konnte. Wie es bei der Verdrängungsarbeit immer geschieht, wurden alle Energien und intelligenten Fähigkeiten aktiviert und in den Dienst der Abwehr gestellt. Dieser Aufwand, sich anstehenden Schwierigkeiten zu entziehen, erklärt sich durch die dahinterstehende Angst. Wenn wir solche Ängste analysieren, geht es dabei immer um die Bedrohung durch Wertverlust. Wir sind zutiefst aufgewühlt und aktiviert, sobald wir den Abbau von einem Wertstatus befürchten müssen. Dann kann der Mensch über die Verdrängung einen Aufwand und energetische Leistungen entwickeln, die völlig dazu ausreichen würden, sich der anstehenden und abgewehrten Angelegenheit zu stellen. Angst und Angstabwehr verzehren viele Energien und schwächen die Gesamtpersönlichkeit in hohem Maße. Der falsche Energieeinsatz in dem Bemühen um Abwehrmechanismen und eben nicht um Lösungen ist der Hinweis auf ein schwaches Selbstwertgefühl, das keinerlei Einbußen verkraften kann. Bei geringem Selbstbewußtsein kann immer beobachtet werden, daß proportional das Vertrauen auf Lösungen und das Vertrauen in den andern Menschen und ins Leben entsprechend klein ist.

Frau L. M. war im Gesamtverhalten darum hinter ihrer Fassade ängstlich, übermäßig sensibilisiert, empfindlich, und wurde immer sichtbar, wie wenig sie körperlich und auch seelisch auszuhalten vermochte. Über ihren Traum kamen frühere Freundschaften mit Männern zur Sprache. Es war eindeutig zu erkennen, daß sie in ihrer jetzigen Partnerschaft etwas ganz Neues erlebte. Im Traumbild wurde bewußt gemacht, daß sie sich nun mit Hilfe des jetzigen Partners vor den Begegnungen mit Männern in der alten Form schützen wollte. Welcher Art war nun dieses frühere Kontaktnehmen mit dem andern Geschlecht? Es stellte sich heraus, daß Frau L. M. von Jugend an bis vor drei Jahren, als ihre jetzige Beziehung begann, eine Vielzahl von flüchtigen Kontakten hatte und stets nebeneinander sexuelle Beziehungen mit verschiedenen Männern pflegte. „Ein Mann genügt mir nicht, ist mir langweilig…" war ihre damalige Devise. Sie lebte mit Bekannten zusammen, solange ihr dies günstig erschien und wechselte jeweils nach Wochen oder ein paar Monaten das Lager, wobei zwischendurch auch immer wieder leibliche und seelische Kontakte mit den alten Kontaktpersonen stattfanden. Frau L. M. berichtete in der Gruppe von diesen Jahren ihres „Männerkonsums", wie sie dies nannte, mit viel Scham und Hemmungen, während sie früher in ihrem damaligen Bekanntenkreis sich ganz anders gebärdet hatte. Damals machte sie aus ihrer Not der Beziehungslosigkeit und der Bindungsunfähigkeit eine Tugend, wie dies häufig geschieht. Sie deklarierte sich und die ihr ähnlich veranlagten Bekannten als weltoffen, beziehungsbereit, kurz als moderne Menschen. Sie und ihre Freunde werteten sich als progressiv und als Pioniere neuer Beziehungsformen. Wer ihre Art zu leben nicht akzeptierte, war für sie ein bedauernswerter, in Zwängen festgefahrener Mensch, ein Opfer von Erziehung und Gesellschaftsprozessen der Unterdrückung. Es wurde im Gruppengespräch ganz deutlich, daß es Frau L. M. in ihren einseitigen Kontakten um gar nichts anderes ging, als darum, von andern in die Arme genommen, akzeptiert zu werden, begehrt zu sein. Letzten Endes handelte es sich in dieser Gier nach Ankommen um eine hektische Suche nach Selbstbestätigung, die sie über ihr Frausein und als Sexualobjekt am leichtesten erreichen konnte, was ihr am wenigsten abverlangte. In anderer Weise Selbstwert zu finden, traute sie sich nicht zu. Dies ist bei Männern und Frauen ein häufig beschrittener Weg. Entscheidend ist nur zu erobern, angenommen zu werden, anzukommen, für eine Weile das Gefühl zu haben, beachtet zu sein. Dabei ist häufig zu beobachten, daß diese Menschen wenig befriedigende Sexuallust und kaum leibseelische Befriedigung erfahren, weshalb immer neue Partner, Situationen, Erlebnisse, Reize und Bestätigungen gesucht werden müssen. Wer tiefe sexuelle Lust und Befriedigung erleben kann, bedarf weniger Reize und neuer Technik, hat viel länger anhaltende Zufriedenheit. Frau L. M. hatte keine Empfindungen sexueller Lust oder gar orgasmusähnliche Reaktionen. Wenn es viel war, konnte sie Hautwärme und Zärtlichkeit im Streicheln empfinden und annehmen, mehr nicht. Dabei gebärdete sie sich sexuell sehr aktiv, weil sie dem modischen Leitbild der orgasmusgierigen Sexualität entsprechen wollte. Damit glaubte sie bei ihren Partnern besser anzukommen.

Hinter diesem ganzen unruhigen, getriebenen, lustlosen und im Grunde einsamen Dahinleben stand ein Kind, das von seiner Mutter abgelehnt worden war. Sie war unerwünscht, hatte angeblich Ähnlichkeit mit dem Vater und den Vertretern seiner Sippe. Darum wurde ihr die ganze Fülle der Aggressionen der Mutter, die sie ihrem Mann und dessen Familie gegenüber hatte, aufgeladen und an ihr abreagiert. Es war von kleinauf so: Was sie auch machte, es war immer unzulänglich. Ob sie etwas sagte, als Kind malte, ob sie später die Treppe fegte, einkaufte, Schularbeiten erledigte, was es auch immer war, es war unzureichend und wurde bekrittelt. Alles Tun blieb ohne Anerkennung. Der zwingende logische Schluß ist, daß man selbst zu nichts taugt, nichts wert ist. Erstaunlicherweise hat Frau L. M. noch im beruflichen Sektor im Bereich ihrer Ausbildung in Schule und Fachhochschule um die Bestätigung ihres Könnens gerungen. Aller Wahrscheinlichkeit nach war sie auf Lehrer gestoßen, die ihr im Gegensatz zu den Erlebnissen im Elternhaus etwas Leistungsanerkennung und Bestätigung gegeben haben. In ihrer Familie war sie die einzige, die eine Fachschule besuchte. Im privaten Bereich und im sozialen Kontakt stellte sich dieser Mensch jedoch stets in Frage. Damit stand auch die Berufswahl als Sozialarbeiterin in engem Zusammenhang. In dieser Rolle konnte sie sich um die Gescheiterten, um die Schwachen oder auch um all diejenigen kümmern, die wie sie selbst keine Anerkennung finden konnten. Oft vollziehen wir das in der Außenwelt, was wir in unserer intrapsychischen Welt, im eigenen Innern, nicht vollziehen können. Frau L. M. fand nicht den Weg, mit dem eigenen leidenden und mit Problemen beladenen Teil ihrer Persönlichkeit sich zu beschäftigen und ihre verborgene Traurigkeit zuzulassen. Die helfende Zuwendung zu sich selbst gelang ihr nicht, weshalb sie die Hinwendung zum gestörten Menschen suchte, gleichsam als symbolische Tat und Übung. Über die Identifikation mit den negativen Außenseitern und die damit verbundenen beruflichen helfenden Akte erlebte sie eine gewisse Befriedigung als ein unbewußt auf sich selbst bezogenes Geschehen. In der Projektion auf andere läßt sich zuweilen Entspannung erreichen, und vieles leichter vollziehen, als in der Verarbeitung im eigenen Innern. In der persönlichen Problematik gibt es dadurch keine Aufarbeitung, wenn die unbewußten Zusammenhänge nicht erkannt und bewußt werden und vor allen Dingen wenn sie nicht persönlich emotional betroffen machen.

Bei der Bearbeitung in der analytischen Gruppentherapie wurde sichtbar, wie sehr sich Frau L. M. moralisch verurteilte, sich über ihre Vergangenheit schämte und sich als allgemein zu verurteilende Nutte fühlte. Auf Befragen der andern stellte sich heraus, daß ihr noch nie jemand Vorwürfe über ihr früheres Leben gemacht hat, weder die Familie, die von ihrem „tabulosen Lebensstil", wie sie es nannte, gar nichts wußte, noch ihr Mann oder jetzige Freunde. Verurteiler war nur sie selbst. Dabei ging sie mit sich genauso um, wie es ihre Mutter früher mit ihr getan hatte: erbarmungslos hart, verurteilend, abwertend, und immer nur moralisch normsetzend. Dies vollzog sich in ihr, obwohl ihre Mutter längst nicht mehr lebte und auch über ihren unsteten Lebenswandel bei Lebzeiten nichts erfahren hatte. Die introjizierte Mutter lebte jedoch so stark in ihr, verfolgte all ihr Tun, Denken und Handeln und ließ ihr wie in der Kindheit keine eigene Wahl zur Entscheidung. Es wurde zu einem großen Erlebnis für diese Frau, als die ganze Gruppe mitsamt dem Therapeuten in Mitgefühl und Verständnis für dieses kleine, gequälte Mädchen reagierte und all die hilflosen, zwanghaft kompensatorischen Versuche als das erkannt wurden, was sie waren, nämlich Angst und Not eines Menschen, der sich und dem Leben nichts mehr zutraute. Erst war die Patientin durch die Fehlhaltung ihrer Mutter in schweres Mangelleiden und Schwierigkeiten geraten, dann wurde sie von ihr dafür verurteilt und abgelehnt. Diesen Ablauf, daß der Verursacher das, was er durch sein eigenes Verhalten selbst ausgelöst hat, beim andern dann verurteilt und bestraft, ist der Inhalt vieler menschlicher Beziehungsdramen.

Frau L. M. konnte nur langsam in kleinen Schritten über das durch die Gruppe neu erlernte Mitfühlen mit sich selbst allmählich Verständnis für das Geschehen der eigenen Kindheit und damit für sich selbst entwickeln. Zunehmend lernte sie ihr behindertes Menschsein ohne Moral, aus der Not des Gequältseins heraus zu verstehen und konnte schließlich auch zu dem stehen, was alle Qual und Ablehnung durch die erste Beziehungsperson in ihr ausgelöst hatte. Hier ging es nicht um Reue und Buße tun, nicht um Verurteilung und Umkehr. Vielmehr half die Gruppe dem Gruppenmitglied zum Selbstverständnis, nachdem alle durch innere Anteilnahme das Leidvolle dieser Entwicklung erfühlt hatten. Über dieses Erlebnis durch die andern lernte Frau L. M. sich der eigenen Zuwendung wert zu sein. Sie suchte nun nicht mehr bei andern das zu bekommen, was ihr von kleinauf verweigert worden war, sondern nahm ihr in ihr weinendes kleines Mädchen selbst bei der Hand. Der erste Schritt ist das Zulassen von Trauer über das, was eben um dieses Erleidens willen verdrängt worden war. In der Trauerarbeit kamen all die ungeweinten Tränen, die nun zugelassen werden konnten. Dabei handelt es sich nicht um Selbstbespiegelung und Selbstmitleid oder Rührseligkeit mit sich selbst.

Sein Leid annehmen, zu ihm stehen und zu vertrauern, ist ein mühsamer Prozeß, der jedoch verheilen und vernarben läßt, was bisher offene Wunde war. In der analytischen Einzel- wie auch Gruppenpsychotherapie ist das Mitgefühl und Verstehen durch die andern die Hinführung, den Mut zu finden, sich selbst mit allen Um- und Irrwegen wahrnehmen und verstehen zu lernen. Um sich annehmen zu können, muß jeder erst von andern sich angenommen erlebt haben. Die andern sind in der Außenwelt, was in der Psyche das Über-Ich ist, das sich entwickelt durch die introjizierten ersten Beziehungspersonen. Es besteht also auch hier schon der Anteil unseres zur Menschwerdung notwendigen sozialen Kontaktes.

Darum ist es etwas außerordentlich Schwerwiegendes, wenn wir in der Zeit der frühen Entwicklung die Erfahrung machen, daß wir nicht genügen, unerwünscht unzulänglich sind, weil wir so wie wir sind, den andern unzureichend erscheinen, in der Wertskala nicht genügen. Von solchen Erlebnissen werden besonders die Kinder betroffen, die durch emotionale Begabung und Fähigkeit zur Differenzierung und Sensibilität in starkem Maße von der Reaktion der Umwelt abhängig sind, weil sie alles intensiv aufzunehmen vermögen. Wer zu differenzierten Beziehungen befähigt ist, leidet umso mehr und wird umso stärker geschädigt, wenn die ersten Beziehungspersonen primitiv, gestört und destruktiv reagieren. Als Kind erkennen wir nicht die Unzulänglichkeit und Mängel beim andern, vielmehr sind wir zunächst schutzlos preisgegeben. Es ist oft in der Erwachsenenarbeit ein großes Erlebnis, wenn ein als Kind unerwünschter Mensch, der auch nach der Geburt nicht angenommen werden konnte, die Unzulänglichkeit der andern erfühlt, die nicht in der Lage waren, von einem Neugeborenen, einem Säugling und Kleinkind innerlich angerührt zu werden, sich seiner Schutz- und Liebesbedürftigkeit nicht öffnen konnten. „Es war für mich ein entscheidender Augenblick in meinem Leben, als mir aufging, daß ich zwar von meiner schwächlichen und nie voll erwachsen gewordenen Mutter und von meinem oberflächlichen Vater nicht angenommen werden konnte und ich schlichtweg eben abgelehnt war, ... Daß ich aber trotzdem auf der Welt bin und mich ganz andere

Kräfte gewollt und verwirklicht haben. Eines Tages kam es ganz unmittelbar über mich, daß mich das Leben gewollt hat. Und das ist mehr, viel mehr als das, was meine Eltern wollten oder nicht wollten."

Es gibt viele seelisch oder somatisch Kranke und auch leidende Menschen, die um diese grundsätzlichen Zuwendungs- und Anerkennungserlebnisse in solch intensiver Weise ringen, daß uns daran sichtbar wird, um welch existentielles Geschehen es sich dabei handelt. S. L. war eine zweiundzwanzigjährige Studentin. Sie kam nach einem Selbstmordversuch in meine Sprechstunde, nachdem ihr in der Klinik hierzu geraten worden war. Im Bericht des Arztes an mich hieß die Diagnose „appellativer Suicidversuch". Durch einen unglücklichen Zufall hätte er ihr auch das Leben kosten können, das sie bedenkenlos riskiert hatte. Als Tochter einer einfachen Arbeiterfamilie hatte sie mit viel Mühe und Ehrgeiz die Reifeprüfung erreicht und ein Studium begonnen. Es war ihr Versuch, damit in der Familie, in der sie nichts galt, etwas zu Ehren zu kommen. In diesem Studium war sie jedoch stark überfordert; denn ihrer an sich guten Begabung nach brauchte sie einen praktischen Beruf, der den Umgang mit Dingen und Menschen ermöglichte. Schon das Abitur brachte ihr, wie vielen weniger theoretisch aber anders Begabten, qualvolle Jahre mit depressiven Verstimmungen. Weil sie in einer falschen Begabungsrichtung ihre Energien verwenden mußte, wurde sie immer lahmer, inaktiver und fühlte sich zunehmend unzulänglich. Die insgeheim erhoffte Bewunderung durch die Familie, vor allem aber von dem Vater, war allzu teuer bezahlt. „Es war immer so", berichtete die Patientin: „Ich ging in den Ruderverein, weil dies mein Vater wollte und leistete dort ein Training, das mir überhaupt keinen Spaß brachte, jedoch meinem Vater imponierte, weil er früher selbst ruderte und davon begeistert war. Von Kindergartenzeit an kann ich mich erinnern, daß die Mutter, meist der Vater, oder auch die Großmutter etwas von mir wollten, forderten und schließlich bestimmten." Sofern die Wünsche der andern nicht erfüllt wurden, erlebte das Kind Ablehnung und die Enttäuschung der Erwachsenen, wurde mit Nichtbeachtung und Liebesentzug geächtet. „Ich kam einfach nie an ... wenn ich machte, was ich wollte. Mit der Zeit kam ich mir ganz schlecht vor, wenn ich nicht das wollen konnte, was die andern wollten. Dann hatte ich das Gefühl, als sei ich selbst nicht richtig, kein rechtes Kind." Gestörte Menschen reagieren häufig so, daß sie den andern dafür, daß er nicht ihren Wünschen und Vorstellungen entspricht, bestrafen durch Ablehnung, Isolierung, Nichtbeachtung oder Schweigen, oder auch ganz aktiv durch verbale Abwertung und Demütigungen. Der intakte Mensch vermag sich auszusprechen, kann andern Eigenleben zugestehen und auch Kindern einen Spielraum der Freiheit und persönlichen Entscheidung geben. Wer manipulieren und vergewaltigen will, wendet oft die Methode an, daß er all das, was ihm nicht paßt, herabsetzt, belächelt oder abwertet durch entsprechendes Verhalten. Als S. L. als Jugendliche einmal andeutete, daß sie lieber zu einer Jugendgruppe wolle mit Tanz und Jazzgymnastik, sprach der Vater von den „Hupfi-Weibern", über die alle lachen. Es ist leicht, andern etwas zu zerstören, erst recht, wenn diese andern kein gesundes und stabiles Selbstwertgefühl haben.

Der Selbstmordversuch von S. L. war ein Versuch, ihre Not des nicht beachteten und immer entwerteten jungen Menschen bemerkbar zu machen. Über den Arzt erhoffte sie Hilfe. „Wenn es tatsächlich zum Tod käme, so könnten dadurch wenigstens den Eltern Schuldgefühle entstehen." Dann wären sie immerhin nach ihrem Tod mit ihr beschäftigt gewesen, hätten durch das Schuldigwerden sich über sie Gedanken machen müssen. Es sind nicht nur junge Leute. Viele bleiben ihr Leben lang damit beschäftigt, durch die seltsamsten Machenschaften ein wenig Zuwendung und Beachtung zu erringen. Wer ohne Selbstwertgefühle lebt, ist in seiner Spontaneität, der Möglichkeit seiner Kreativität und Produktivität so sehr behindert, daß er sich nicht zutraut, auf ganz normale Weise seinen Platz in der Welt und unter den andern Menschen zu finden. Damit trifft schließlich das ein, was der Mensch ohne Selbstvertrauen befürchtet, nämlich die reale Unfähigkeit, den ganz normalen Anforderungen zu genügen. Mit solch unheilvollen Abläufen koppelt sich dann noch das Schuldgefühl, als Mensch nicht zu genügen.

Wenn nicht die tieferen Zusammenhänge erarbeitet und entsprechend aufgearbeitet werden, bleiben Fehlverhaltensweisen ein Leben lang erhalten und treten in immer neuen Variationen auf. Denn Frau S. L. würde sicher auch nach dem Tod ihres Vaters dann bei andern von ihr als Autorität gewählten Vaterersatzfiguren um ihre neurotische Wertsuche bemüht sein. Durch Übertragungen solch neurotischer Beziehungsverhältnisse werden Partnerschaften unmöglich, Ehen leidvoll oder zerstört. Wieviel Quälereien und Demütigungen manche Gestörte und ihrer Krankheit nicht bewußte Menschen in Kauf nehmen, um ein wenig Beachtung, Gebrauchtwerden, Zugehörigkeit und Werterlebnis über den andern zu erhoffen, ist unbeschreiblich und hier übertrifft die Wirklichkeit alle in Filmen und Romanen phantasierten gestörten Beziehungsverhältnisse. Aus den geschilderten tiefenpsychologischen Zusammenhängen heraus ist erklärbar, warum mißhandelte Kinder wieder zu ihren Quälern zurückkehren, Männer und Frauen sich aus Partnerschaften nicht lösen können, obwohl sie nur destruktiv sind.

S. L. litt unter ihrer Wertlosigkeit. „Ich fühle mich nicht nur als ein Nichts, das ginge ja noch. Ich meine, ich bin negativ gepolt. Wie könnten mich sonst alle so negativ finden? …" Sie übertrug bereits die abwertende Haltung ihrer Eltern ins allgemeine „man". Die Kreise der neurotischen Ängste erweitern sich im Lauf der Zeit. Der erste Therapieversuch in einer psychosomatischen Klinik scheiterte. Dort wurde versucht, durch Ermutigung und Entspannung und durch Bewußtmachen der Kindheitsängste und der kindlichen Abhängigkeit von den Eltern die Patientin soweit zu bringen, daß sie ihr begonnenes Studium fortführen konnte. Damit war jedoch nicht viel erreicht, und schon im nächsten Semester begannen erneut die alten Schwierigkeiten der Depression. Sie konnte sich nicht eingestehen, daß sie zum Studium keinen Drang und wenig Begabung hatte, weil ihre Zielsetzung von ganz anderen Motiven bestimmt war. Insgeheim plagte sie auch ihr redliches Gewissen, nun schon viele Semester Bafög zu beanspruchen, ohne zu studieren und in dem deutlichen Gefühl, nie einen Abschluß zu schaffen. Sie war darum wie erlöst, als sie im Verlauf ihrer weiteren Therapie den Mut bekam, sich all diese Zusammenhänge einzugestehen und sich nun einen Beruf wählen konnte, der ihren praktischen Fähigkeiten und ihrer tatsächlich vorhandenen Begabung entsprach. Je mehr sie sich selbst in ihrer eigenen Art anzunehmen lernte, umso mehr war sie voll Erstaunen darüber, warum ihr bisheriges Leben ganz und gar nur auf diesen tyrannischen, quälenden Vater ausgerichtet war. Proportional zur Annahme ihres eigenen Wesens wurde sie unabhängig von der Bestätigung der andern, die nur ihre Abwertung betrieben und ihre Hilflosigkeit ausnützten, um eigene sadistische Impulse agieren zu können. Sie lernte unterscheiden, daß nicht alle Menschen wie ihre ersten Beziehungspersonen sind, nachdem sie in ihrer Gruppe durch die Hilfe der andern ein erstes Angenommensein ohne damit verknüpfte Ansprüche erleben konnte. Der nächste Schritt war, die für eine Entwicklung notwendige Eigenbemühung zu erkennen. In diesem Fall ging es darum, das kindlich fixierte, trotzige, von Wertlosigkeit und Auflehnung geplagte infantile Ich nicht zu verurteilen und in Depressionen zu bestrafen. Depressionen sind häufig auf andere gezielte Aggressionen, die nicht gelebt werden können und sich dann gegen die eigene Person richten. Helfer zu werden für den eigenen kranken, hilflosen Teil, war die mühsame Aufgabe, die sich nur in kleinen Schritten vollziehen ließ. Hierzu ist Bewußtsein notwendig und das Erkennen der Zusammenhänge. Darüber hinaus ist jedoch die Hauptarbeit durch das mitfühlende, teilnehmende Herz zu leisten, das nicht nur für die andern, sondern auch für uns selbst zuständig ist. Auf diese Weise können im eigenen Innern heilende Kräfte entwickelt werden über die Begegnung mit sich selbst, mit dem der Hilfe bedürftigen Teil. Der Mut sich selbst im eigenen Elend wahrzunehmen und dies auszuhalten, erwächst durch das Erlebnis, trotz Elend durch den Therapeuten oder die ganze Gruppe doch als Wert befunden zu werden, ohne Verurteilung akzeptiert und vor allem mit den Irr- und Umwegen verstanden zu sein.

Frau L. M. wie auch Frau S. L. waren beide klug genug, um zu begreifen, daß sie als erwachsener Mensch nicht mehr die Mutter-Kind-Beziehung real nachholen konnten, ganz einfach darum, weil sie eben kein Kind mehr waren. Sie konnten auch erkennen, daß Ersatz suchen für Vater- oder Muttererlebnisse sie in Gefahr bringen würde, erneut abhängig zu werden und die infantile neurotische Fehlhaltung sich damit fortsetzen könnte. Damit werden Entwicklungen nicht in Gang gesetzt, gibt es keine Befreiung hin zum eigenen Leben. Vielmehr würden dann Infantilität und Abhängigkeit in neuer Weise weiter gepflegt. Vielen erscheint darum ausweglos und als ewiges Verhängnis, wenn frühe Mangelleiden einen Menschen geprägt haben. Dies stimmt jedoch nicht. Sein Leid erkennen und annehmen führt zunächst zu einer Trauerarbeit, die vom ganzen Menschen geleistet werden muß und niemals intellektuell und oberflächlich erledigt werden kann. Darum ist es auch oft der Fall, daß im Verlauf einer Analyse oder Therapie in der Aufarbeitung des bisher Abgewehrten Belastungen auftreten, die von außen besehen wie Verschlechterung anmuten. „Die Aufräumungsarbeiten", wie sich ein Patient ausdrückte, müssen selbst geleistet werden. Der Therapeut kann und darf sie nicht übernehmen, ist jedoch wichtig als Helfer. Wer ein Muttersucher ist, wird nicht befreit und reift nicht dann zum erwachsenen Menschen, wenn er von andern, oder ein Leben lang vom Therapeuten oder Ersatzpersonen bemuttert wird. Übertragungen und Befriedigung von Elternwünschen darf er nur für eine gewisse Phase zulassen. Seine wesentliche Aufgabe besteht darin, den Analysanden dahin zu führen, in sich selbst Mütterlichkeit zu entwickeln und zwar nicht nur für die andern, sondern zunächst für sich selbst. Denn sonst wäre die Mütterlichkeit, die nach außen und am andern geleistet wird, jedoch nicht bei sich selbst vollzogen werden kann, wiederum ein Agieren auf projektiver Ebene. Ich vollziehe am andern, was ich mir selbst nicht geben kann, jedoch über die Identifikation mit dem andern als Teilhabe erlebe. Indem ich den andern, oder ein Tier, eine Pflanze dann liebevoll pflege und behandle, vollziehe ich dies symbolisch für mich selbst. Darum werden Kinder und Hunde oft mit Zuwendung überschüttet, die mit Liebe nichts zu tun haben, vielmehr Eigenbedürfnisse ausdrücken und darum auch dem, der damit überhäuft wird, mehr Schaden zufügen als Förderung bringen.

Viele zielen mit ihren caritativen Taten im Grunde auf sich selbst, auf ihren eigenen liebeshungrigen und der Hilfe bedürftigen Teil. Frau L. M. litt unter dem Mangel an mütterlicher Fürsorge und menschlichem Verständnis. Sie mußte darum ihr weinendes, irritiertes, vereinsamtes Kind in sich, das sie bisher als wert-los erlebt hatte, bei der Hand nehmen lernen, mit ihm zu reden üben, liebevoll sprechen lernen, so wie man mit kranken und verletzten Kindern spricht, nämlich emotional, kindhaft und nicht vernünftelnd. Sie baute in kleinen Schritten Fürsorge für sich selbst auf, lernte auf jenen bisher abgelehnten psychischen Teil in sich zu hören, ihm Zuwendung zu schenken und ihm kleine Freuden zu machen. Es bekam einen zärtlichen Namen, wurde angesprochen, befragt, berücksichtigt und auch anerkannt. Lächeln wir nicht darüber. Auch Sigmund Freud schrieb von seinem inneren „Kerl", den er gut behandeln muß, den er nicht frustrieren darf, weil er sonst nicht mitmacht und ihn dann behindert auf dem Weg der von sich selbst geforderten Anstrengung und Leistung. Wer für solche innere Zwiesprache keine Antenne besitzt, neigt dazu, dies kritisch belächelnd abzutun. Er weiß dann nicht um die Kräfte und psychischen Prozesse, die durch emotionalen und intuitiven Kontakt zur eigenen Psyche aktiviert werden. Darüber wissen auch viele Psychologen, die in einer einseitigen und rationalistischen Psychologie ausgebildet worden sind, nichts, es sei denn, sie haben in ihrer persönlichen Entwicklung und Weiterbildung Wege gefunden, die über das Einseitige des Angelernten hinausführen.

S. L. hatte es schwer mit dem hartnäckigen und zwanghaften Vatersuchen ihres trotzigen Kindes, das schon in das sado-masochistische Agieren des Vaters einbezogen war. „Mein Leben lang habe ich gehofft, daß er sich ändern würde. Ich begreife nun, daß er das nicht kann. Er ist in solchem Maße gestört, daß er niemals Vater werden könnte. Nun weiß ich, daß er immer quälen muß, ganz einerlei, was ich auch tue und zuwege bringe. Seit ich dies durchschaue, fühle ich mich nicht mehr schuldig, weiß, daß seine Demütigungen und Abwertungen ihren Grund in ihm selbst haben und mich nichts mehr angehen. Ich weiß auch, daß ich mich davor schützen muß."

Auch Sie hatte den Weg zu gehen, eigene helfende Kräfte aufzubauen, zu sich selbst beschützend, väterlich fürsorgend zu werden, eigene Entscheidungen und Leitlinien zu finden, die eine Fremdbestimmung und Wertbestimmung durch andere nicht mehr als Bedürfnis aufkommen lassen. Vor dem realen wie auch vor dem introjizierten Vater mußte sie sich distanzieren und schützen lernen.

Das Erlebnis der Unzulänglichkeit, des Ungenügens gegenüber den Erwartungen, Wünschen und Forderungen der andern läßt kein Selbstvertrauen zu. Kinder erleben sich als wertlos, wenn sie ihre Beziehungspersonen oder von ihnen anerkannte Autoritäten nicht zufriedenstellen können und ohne eine entsprechende Anerkennung bleiben müssen. Die kraftvoll und vital reagieren können, gehen in Aktivität über, um sich bemerkbar zu machen und nicht ganz übersehen zu werden. Das Unerträgliche des Wertlos-Seins wird in Aktionen umgesetzt, die Ausgleich suchen, sei es über Leistungsstreben auf irgendwelchen Gebieten oder Auffälligkeiten. Bei Erwachsenen können solche aus tiefen existentiell bedeutsamen Impulsen getragenen Verhaltensweisen oft in maßloser Leistungswut und mit selbstgefährdenden oder gar selbstzerstörerischen Risiken verbunden sein. Die weniger Vitalen gehen schon in der Kindheit über in Lethargie, Mutlosigkeit und in ein Dahindämmern ohne Lebendigkeit. Um die Möglichkeiten in einem selbst und um die von außen gebotenen angehen, realisieren zu können, bedarf es immer eines Minimums an Selbstvertrauen. Impulsivität, Kreativität, Produktivität verringern sich oder entfalten sich gar nicht, wenn der Eigenwert abgebaut wird oder schon gar nicht aufgebaut werden kann. Die in der Aktion ihre Problembewältigung suchen, sind in der Gefahr, auch herrschsüchtig, abwertend oder gar zum Quäler zu werden, wie es ihnen selbst widerfahren war. Es ist ein häufig zu beobachtender Bewältigungsversuch, Gefahren abzuwehren, indem man sich mit dem Angreifer identifiziert. Praktisch vollzieht sich dies so: Die auf uns zukommende Aggression wird angenommen, d. h. wir fühlen uns dafür verantwortlich und schuldig, ganz einerlei, ob dies den Tatsachen entspricht oder nicht. Kinder und auch viele Erwachsene sind nicht in der Lage, sich mit bedrohlichen Angreifern auseinanderzusetzen, weshalb sie kampflos und kritiklos sich der Situation ergeben. Sie übernehmen die Wertung unbesehen aus ihrer Angst heraus. Eine weitere Form der Identifikation vollzieht sich so, daß der Angreifer in hohem Maße als stark, gewaltig, beherrschend erlebt wird. Weil er sich damit durchzusetzen vermag, wird sein Verhalten und Gebaren übernommen und introjiziert, um über die Identifikation an seiner Mächtigkeit teilzuhaben. Somit bleibt die Aggression gegen die Außenwelt gerichtet und gefährdet nicht das eigene Innere, wie dies in der Annahme der Aggression und in dieser zweiten Form der Identifikation geschieht. Im einen Fall schadet man vorwiegend sich selbst, im anderen mehr den andern. Jedoch ist die Selbstschädigung in der Fortsetzung von Fehlverhalten auch dann groß, wenn die Zielrichtung auf die andern zuläuft.

Darum ist es für uns alle wichtig, bewußt zu erkennen, wie unsere nächsten Menschen in unserer Kindheit sich verhalten haben. Manchem gelingt es dann, Identifikationen und die damit verbundenen Fehlverhalten und Gefährdungen zu erfühlen. Nur dann vermag man aus der Fremdgeprägtheit sich herauszuschälen. Im Verlauf eines solchen Prozesses, als ein Vater sich aus der Identifikation mit einem herrschsüchtigen eigenen Vater löste und sich zunehmend von seiner eigenen Sensibilität leiten ließ, sagte sein kleiner Sohn nach einer kritischen Erziehungssituation zu ihm: „Du machst mich gar nicht mehr schlecht. Dann gehorche ich auch lieber." Bisher hatte dieser Junge das Übel der Erziehungssüchtigen täglich erlebt. Wenn eine Kleinigkeit zu bereinigen war, wurde immer gleich der ganze Mensch verurteilt. „Was soll aus Dir werden, wenn Du Dein Fahrrad im Regen stehen läßt ..." In solcher Weise werden einem Kind und Jugendlichen zuzugestehende Verhaltensweisen, die noch der Weiterentwicklung bedürfen, mit den Maßstäben des Erwachsenenverhaltens gemessen. Aber selbst beim Erwachsenen ist es nicht angebracht, gleich den ganzen Menschen abzuwerten. Solch rigoroses rundum Verurteilen finden wir bei denen, die selbst mit der Wirklichkeit schlecht zurechtkommen und wenig Realitätsanpassung vollziehen können. Oder das ständige Werten wurde übernommen, weil es im Elternhaus viele Jahre vorgelebt wurde und damit blinde Gewohnheit war. Psychisch Kranke, Gefährdete zeigen immer Schwierigkeiten in der Fähigkeit, mit dem realen Leben umzugehen. Ihr schwaches Ich verfügt über wenig Selbstvertrauen, was immer auch bedeutet, kein Vertrauen ins Leben zu haben, in den andern Menschen. Wer zu hohe Ansprüche stellt, Normen der Vollkommenheit nur gelten lassen kann, immer sieht und weiß, was noch besser zu machen wäre, ist damit zur Dauerunzufriedenheit bestimmt. Dies bedeutet für ihn selbst, wie auch für alle, die mit ihm zu tun haben, eine große Last. Durch stets vorhandenen Zweifel, durch Unsicherheiten und Ängste, die sich oft in Kritiksucht und Besserwisserei äußert, kann man nie den Wert und das Glück erleben, das andere Menschen im Umgang miteinander finden. Hüten wir uns darum davor, das ewige Ungenügen in uns selbst oder bei den andern zu züchten, und damit destruktiv zu werden. Wir haben gelernt, uns vor ansteckenden Krankheiten zu schützen. Der bewußt Lebende muß lernen, sich von den Wertzerstörern zu distanzieren und entsprechende Schutzmechanismen zu aktivieren. Jeder Abbau von Selbstwert ist lebensfeindlich. Erzieher oder Partner, die in der Auseinandersetzung mit ihnen uns das Gefühl der Wert-losigkeit vermitteln, sind ohne Liebe. Nach Selbstmordversuchen bei Kindern stellt sich oft heraus, daß nicht die Angst vor der Strafe, oder ausgelacht zu werden usw. das Weiterleben unmöglich machten. Dies ist viel vordergründiger als die Tatsache, daß der eigentliche Grund der war, den Ansprüchen der Eltern, oder oft auch nur einem Elternteil nicht genügen zu können, nichts wert zu sein. Die grausamen Formen der Selbstbestrafung an Leib und Seele sind noch wenig bekannt. Herr R. H. mußte in seinem Leben immer wieder erreichte Erfolge durch unbewußte Fehlentscheidungen zerstören und darum oft neu beginnen, weil in ihm der Satz seiner Mutter wirksam war: „Glaube nur nicht, daß das Leben Dir durchläßt, bei solcher Schlamperei etwas zuwege zu bringen …" In ihm war die Abwertung wirksam geblieben, die Schlamperei hat er mit der Taktik seiner Mutter nicht überwunden.

Die um ein Minimum am Selbstwert ringen müssen, mit starken Selbstzweifeln belastet sind, reichen in tragischer Weise ihre Störung und Beeinträchtigung an Lebensfähigkeit und Lebensmut ihren Kindern weiter. Alle Agitationen der Angst um den eigenen Wert wirken sich auf Kinder und Heranwachsende schädigend aus. In der Partnerschaft hat der weniger Gestörte die Chance sich auseinanderzusetzen und notfalls sich zu lösen. Kinder haben als ungleiche Partner keine Chance, sich zur Wehr zu setzen, weshalb sie dann Symptome und Fehlentwicklungen zeigen. Es ist außerordentlich schwierig, neben einer perfektionistischen Mutter oder solchem Vater ein intaktes Ich-Selbst wachsen zu lassen. Hierzu sind viele Kontakte und Erfahrungen mit andern notwendig, die einem werdenden Menschen andere Maßstäbe, Leitlinien und vor allem das Erlebnis der Selbstbestätigung vermitteln. Die Perfektionisten plagen nicht nur die andern mit ihren übertriebenen Forderungen und Vollkommenheitsansprüchen, sondern auch sich selbst. Im Zusammenleben werden sie sich ihrer Lieblosigkeit nie bewußt. Ihr zwanghaftes Ringen, in äußeren Belangen gut dazustehen, erschöpft ihre Potenzen, weshalb sie zu wesentlichen Veränderungen und Entwicklungsimpulsen kaum fähig sind. Perfektionisten sind in ihrer Kreativität stark behindert, weil sie am Kleinen hängen bleiben. Zu jeder Genialität und schon zur kleinsten schöpferischen Tat gehört die Fähigkeit, Unwesentliches wegzulassen, sich dem Wesentlichen zuzuwenden. Im Panzer der äußerlichen Ordnung vollzieht sich die Abwehr, sich mit dem inneren Chaos nicht befassen zu müssen. Solche Menschen fühlen sich meist „in Ordnung". Zur Therapie kommen die durch sie Geschädigten, sofern sie sich noch um neue Lebensgestaltung und Lebendigkeit im eigenen Innern und eigenen Leben zu bemühen trauen, d. h. noch ein gesundes Selbstwertstreben erhalten geblieben ist. Die um Perfektion stets Besorgten werden vom Laien, der wenig mit ihnen zu tun hat, unter Umständen als starke konsequente, fleißige Persönlichkeit angesehen. Dabei wird nicht erkannt, welches Ausmaß an Egozentrik und auch Angst vor dem andern und wieviel Mangel an Liebesfähigkeit sich dahinter verbirgt. C. T. ging mit seiner Mutter auf der Straße stets so, daß sie rechts von ihm lief. Sie war aber schwerhörig auf ihrem linken Ohr und konnte sich so nicht unterhalten und nichts hören. Der Sohn lehnte es jedoch ab, sie links von sich gehen zu lassen, weil er sich nicht als unhöflicher Mann auf der Straße zeigen wollte, der nicht weiß, daß man seine Mutter oder eine alte Dame rechts gehen läßt. Angst vor dem eigenen Versagen, die egozentrische Rechtmacherei, das Buhlen um Anerkennung zerstören Liebesfähigkeit oder lassen sie nicht zur Entfaltung kommen.

Die Entmutigung und die Schattenproblematik

Die Einstellung, die wir uns selbst gegenüber haben, entscheidet also darüber, was wir wagen, angehen, üben und von uns selbst und unseren Möglichkeiten verwirklichen. Entmutigung, negative Erwartungshaltungen, die Fehleinschätzungen der andern und ihrer Bewertungen von uns selbst bestimmen unsere Entwicklung und unsere Erfolgschancen weitaus mehr als dies normalerweise sichtbar wird, weil sie über unser Selbstwerterleben auf uns einwirken. Viele reflektieren über sich und ihr Tun kaum, jedoch sind sie immer damit beschäftigt zu phantasieren, was die andern über sie denken. In solchen Vorstellungen ist dann immer dieselbe Prägung zu beobachten, nämlich Angst vor abwertender Kritik und Ablehnung entsprechend früherer negativer Erfahrungen. Die phantasierten andern nehmen dann die Stelle ein, die aus Mangel an Entwicklung vom Ich-Selbst leer geblieben ist, weil über die Identifikation keine Verinnerung stattgefunden hat. Die totale Abhängigkeit von dem andern Menschen kann auf diese Weise dann hohe Grade erreichen. Wenn jemand nicht nur dem Nächststehenden alles rechtmachen und nach seinen Normen und Wünschen leben will, sondern von allen und überall akzeptiert werden muß, bekommt er u. U. Angst, allein in ein Gasthaus einzutreten, sich am Telefon zu melden, beim Einkauf einen Laden zu verlassen, ohne etwas gekauft zu haben usw. Jeder Fremde stellt eine potentielle Autorität dar, die ihn in Frage stellen könnte. Unter solchen Beängstigungen leiden uneingestanden viel mehr unserer Mitmenschen, als wir ahnen. Unter diesem Aspekt wird verständlich, warum Selbstverwirklichung zu einem Schlagwort geworden ist.

Viele führen ihren Mangel an Selbstsicherheit darauf zurück, daß sie meinen, wenig begabt oder wenig intelligent zu sein. Dies wird allzu häufig und unbedacht als ausschlaggebend für Erfolg oder Mißerfolg angesehen. Bei gründlicher Betrachtung stimmt dies nicht generell. Zweifellos kann ein Begabter leichter zu Erfolgserlebnissen gelangen, braucht ein weniger mit Fähigkeiten ausgestatteter Mensch mehr Fleiß, Einsatz und Übung, um dasselbe zu erreichen, was dem andern ohne Mühe gelingt. Tatsache ist jedoch, daß weder in der Schule noch im beruflichen Leben die anlagemäßig vorhandene Begabung bestimmend ist. Zweifellos kann jemand mit sehr geringer Intelligenz und starker Abweichung von der Durchschnittsintelligenz auch nicht bei viel Fleißeinsatz und Engagement ein Studium abschließen oder gewisse leitende Stellungen einnehmen. Jedoch ist es eine immer wieder bestätigte Tatsache, daß an vielen Stellen, wo besondere Aufgaben zu leisten sind, Menschen sitzen, die ihre Leistungen nicht besonderer Begabung, vielmehr ihrem Einsatz, ihrer starken Motivation verdanken. Es tauchte darum schon die Frage auf, inwieweit die Fähigkeiten zum intensivierten Einsatz eben auch eine Begabung ist. Überall wo Engagement und Anstrengungsbereitschaft sind, ist ein gewisses Maß an Eigenmachtgefühl und Selbstvertrauen vorhanden, die alle Kräfte den vorhandenen Fähigkeiten zur Verfügung stellen. Es ist entscheidend, ob Libido zur Verfügung gestellt wird. Im Hinblick auf die vielen Begabungen ohne Verwirklichung stellt sich die Frage, ob letzten Endes die Zufuhr und das Vorhandensein von psychischen Energien darüber entscheiden, was in einem Leben verwirklicht werden kann, wieviel an Talent und Befähigung sich zu gestalten vermag. Alle Genies waren fleißig und einsatzwillig. Sie waren in der Lage, seelische Kräfte in hohem Maße selbst unter schwierigen Bedingungen einzusetzen. Durch Mangel und Hemmungen im Selbstwerterleben und damit im Selbstvertrauen wird die Entfaltung von Libido gedrosselt. Inwieweit dadurch auch schon die Begabungsentwicklungen eingeschränkt werden, ist schwierig festzustellen und darum noch nicht untersucht worden. Manche Untersuchungen zeigen, daß nicht die mit dem höchsten Intelligenzquotienten in der Schule oder im Berufsleben an der Spitze stehen, sondern diejenigen, bei denen Hingabewilligkeit und motiviertes Beteiligtsein den entscheidenden Ausschlag geben. Dabei ist noch zu unterscheiden zwischen den sachbezogenen und den ichbezogen kompensatorisch Motivierten, die zuweilen erstaunliche Leistungsergebnisse erzielen, weil sie durch das Ringen um Ansehen und Anerkennung, im Kampf um den persönlichen Wert besonders aktiviert werden. Es wurde schon erwähnt, daß unsere Mängel über das Kompensationsstreben uns Erfolge bescheren, die wir ohne den Antrieb des *Mangelleidens* nie erreicht hätten. Wenn wir hier von Motivation sprechen, ist in solchem Zusammenhang ein psychischer Antrieb zu verstehen, der von Interessen und damit verbunden von einer libidinösen, d. h. von psychischer Energie gespeisten Besetzung getragen ist.

Die Motivationsarmut ist das Hauptproblem bei unseren heutigen Schülern und Auszubildenden. Dieses Thema betrifft jedoch nicht allein den Schüler. Die vielen Lehrer ohne Motivation sind dabei nicht zu übersehen. Wenn im Bereich von Schule und Lernen immer mehr Motivationsmangel in Erscheinung tritt, sollten sich Pädagogen über solches Geschehen nicht nur Gedanken machen, sondern auch notwendige Veränderungen in die Wege leiten. Die Aufnahme und das Vermitteln einer Fülle von Wissensstoff, die Überbetonung in der Abstraktion und die stete Anhäufung von Gedächtnisinhalten, die nicht in Lebensbezug gebracht werden können, führen bei Schülern wie auch bei Lehrern dazu, in Leerlauf zu geraten und nicht den Eigenmachtbereich sinnvoll zu fördern, was Lernen normalerweise soll. Wenn ich in meinem Selbsterleben und dem damit auch verbundenen sozialen Bezug in dreizehn Jahren Schulbesuch durch mein Geschultwerden nicht auch zum Umgang mit mir selbst und mit dem andern Menschen geführt werde, bleibt ein ganz entscheidender Teil der Persönlichkeit unangesprochen. Das kann zu Ohnmachtsgefühlen oder oppositionellen Aggressionen führen. Nachdem dies nun in immer breiterem Umfang sichtbar wird, bedarf unsere Schule auf allen Stufen der Erneuerung. Ihre bisherige Form institutionalisierter Stoffvermittlung ohne eine Pädagogik, die den inneren Menschen betrifft, ist zur Bewältigung der anstehenden Aufgaben in einer kompliziert gewordenen Welt nicht mehr ausreichend. Diese Feststellung ist von umso größerer Bedeutung, als die Kleinfamilie und die heutigen Problemfamilien für die meisten Kinder als einzige Grundlage für ihre Entwicklung unzureichend sind.

Motivationsmangel ist nicht allein in den Arbeitsbereichen beklagt, ebenso auch im privaten Leben nach getaner Arbeit. An nichts Interesse, zu nichts Elan und Lust zu haben, Engagement und damit verbunden Aktion und Einsatz zu vermeiden, solche Apathie ist etwas Gefährliches und oft ein Symptom der Stagnation von Entwicklungsimpulsen. Das Leben in Passivität und Berieselung, das Schonungsprinzip bringt für den Betroffenen selbst wie auch für alle, die mit ihm zusammenleben, wenig Freude und Lebenslust. Die Folgen sind Langeweile, zunehmende Passivität, Regression und Wunsch nach Verwaltet-, Versorgtwerden mit dem unbewußten Traum vom Paradies, in dem alles getan ist und die gebratenen Tauben einem in den Mund fallen. Für solche Menschen ist es ein Aufwand, am Abend einen Nagel für ein Bild einzuschlagen, an einem tropfenden Wasserhahn die Dichtung auszuwechseln oder gar, wie es Goethe getan hat, sich liebevoll um die Schularbeiten der Kinder in der Familie zu kümmern. Die durch Langeweile und Passivität gestauten Bedürfnisse nach lebendiger Teilnahme am Leben, nach Aktion verführt manchen zum Hunger nach Sensation und damit zu verhängnisvollen Kurzschlußhandlungen. In solchem Zustand werden Mord und Totschlag nicht nur bei jungen Menschen ausgelöst, die im Stau gesunder Aktivitäten ihren Überdruck über die Zerstörung lösen. Auch Erwachsene können in problematische Bahnen geraten, wenn sie sich nirgends einzubringen wissen und nicht den Weg gefunden haben zu sinnvollem Tun. Je weniger Selbstwert aufgebaut werden konnte, umso leichter verfallen sie der Motivationslosigkeit, dem Gelangweiltsein und damit dem zuweilen unbewußten Hunger nach „etwas zu erleben", weil sie sich selbst gar nicht zu Unrecht unlebendig fühlen. Wer sich selbst vertrauen kann, wagt auch, sich etwas zuzumuten, von sich etwas zu verlangen, unternimmt und gestaltet, wagt, hat Einfälle, die er realisiert, von denen er nicht nur träumt und redet. Man erlebt sich selbst dadurch in seinem Tun und Handeln oder auch in der Gemeinsamkeit mit andern. Dann bedarf es nicht der Sensationen, um ein wenig vom langweiligen Alltag Distanz zu gewinnen. Wer Langeweile hat und wem der Alltag langweilig erscheint, der *ist* selbst langweilig; Frau M. geriet aus Langeweile über ihre Bekannte langsam und doch in konsequenter Fortführung ihrer inneren Situation in einen privaten Call-girl-Ring. Sie meinte später, daß es auch etwas ganz anderes hätte sein können. Auch eine Verführung zu Betriebsspionage, politischem Fanatismus, Verlockung durch Sektierertum oder sonstige Manipulationen durch andere wären eine Möglichkeit gewesen, ihre Lahmheit und ihr Gelangweiltsein zu unterbrechen. Bei ihren sexuellen Abenteuern ging es ihr nicht um Triebbefriedigung, als vielmehr um Verlangen nach Abwechslung, Abenteuer, Sensation. Dies ist ein typisches Merkmal für Menschen, die sich in normaler Motivation nicht mehr einbringen und unter den gewohnten Lebensumständen sich selbst nicht mehr wahrnehmen zu können glauben. Die Zuflucht in den Schattenbereich der Psyche und in das Abseits der äußeren Daseinssituation ist dann für manche vorgebahnt. Wer sich mit Sinnvollem nicht einbringen kann, nirgends dazu gehört und nicht gebraucht wird, sucht oft über die Identifikation mit dem Negativen, mit dem, was von den andern und bisher auch von einem selbst abgelehnt wurde, sich zu prononcieren. Kriminelle und Mörder brüsten sich oft mit dem Ausmaß ihrer Raffiniertheit, ihrer Grausamkeit, mit der Zahl ihrer Verbrechen. Wem der Zugang zum Wert versperrt ist, sucht ihn mitunter über die Polarität, den Gegenpol, über den Un-Wert. Durch die Opposition wird eine unbewußte Teilhabe am Wert gefunden. Ich erinnere mich an einen achtzehnjährigen Strafgefangenen, der mir mit glitzernden Augen und mit verborgenem Stolz gestand, schon als Neunjähriger einen Jungen im Fluß ertränkt zu haben. Von seinem Vater, einem italienischen Rechtsanwalt, war er als unehelicher Sohn nicht anerkannt worden. Seiner Mutter war dieser Junge nur Last und Behinderung für die Ehe. Er war ohne Leitbild und völlig sich selbst überlassen. Seine Freude an allem Kriminellen und Morden war nicht nur Machtdemonstration eines Ohnmächtigen, Rache eines Verletzten am andern Menschen oder schlicht eine Aktion, um beachtet zu werden. Es war von all dem vieles mit eingeflossen und läßt sich auf diese Weise sicher erklärend psychologisieren. Der tiefere Grund von all diesen Abläufen und Zusammenhängen war jedoch die Identifikation mit dem Schattenbereich, wo er sich seinen Platz suchte, den er im Wertbereich nicht finden konnte. Weil er nichts wert, nicht bejaht, nirgends gewollt war, suchte dieser vitale, kraftvolle und intelligente Junge seinen Platz im Bereich des Bösen. Er wäre ein guter Rechtsanwalt geworden, wenn man ihm den Zutritt auf der andern Seite der Wertskala gestattet hätte. Nachdem ihm die Teilhabe am Wert verwehrt worden war, er von niemanden als Wert erlebt werden konnte, und damit von sich selbst auch nicht, identifizierte er sich mit den Un-werten. Es ist nicht gleichzusetzen mit dem Wertlosen, was noch in einem relativ neutralen Zwischenbereich liegt. Damit hätte sich dieser intensiv und mit dem Bedürfnis nach Engagement lebende junge Mann nicht abfinden können. In solch grauer Belanglosigkeit war sein Verlangen nach Teilhabe an der Welt nicht abzuhandeln. Der Un-Wert ist die aktive Gegenposition zum Wert. Man könnte sagen, es ist das Böse, das Unheilvolle, das Wertzerstörende. Es ist eine Macht und darum mit Recht gefürchtet. Denn es ist von großer Auswirkung, wenn es sich realisiert. Die böse Tat wird deshalb voll dämonischer Wucht erlebt und als eine Art der Teilhabe an den großen zerstörenden Kräften in der Welt. Wir rühren damit an das Irrationale, das mit der persönlichen Psychologie des Mörders nicht mehr ausreichend zu erklären ist.

Wenn H. S. seine Frau umbringt, weil sie ihn wiederholt als Schlamper bezeichnete, wie es seine Mutter häufig getan hat, reicht dies als eine psychologische Erklärung des Tatmotivs zum Mord nicht aus. Seine Schlamperei könnte eine an Mutter und Partnerin gerichtete Signalisierung dafür gewesen sein, daß er sich nicht erwachsen fühlte und immer noch eine gewisse Bemutterung brauchte, jemand für seine Belange zuständig sein sollte. Er hatte von kleinauf zu wenig Umsorgung erleben dürfen und niemand hatte sich für ihn verantwortlich gefühlt. Die Rache an der Mutter und ihre nun vollzogene symbolische Beseitigung durch die Tötung der Partnerin, die bei ihm Kindheitsverletzungen und tiefreichende Enttäuschungen ständig aktualisierte, all dies reicht noch nicht an den tieferen Grund des Tatmotives. Wenn dies ausreichend wäre, müßte viel häufiger gemordet werden, weil unzählige Labile und allzu leicht Enthemmte und dekompensierende Menschen in solcher Weise in seelische Probleme durch Wiederbelebung und damit Aktualisierung der Kindheitstraumen gestürzt werden, ohne dadurch zum Kriminellen oder Mörder zu werden. In solchem Fall sind die übermäßig stark erlebte existentielle Wertlosigkeit und die damit verbundenen Ohnmachtserlebnisse die Grundlage für die aktive Identifikation mit dem Negativen, dem Unwert, dem der Mörder sich von kleinauf zugeordnet fühlte. Die Überschwemmung des Ichs durch destruktive Kräfte ist eine Inflation des Schattenbereichs, die bei aktiven Bewältigungsversuchen in die Kriminalität, die Neurose, bei Mangel an Ich-Kräften aber in die Psychose führen kann und in diesem Fall die Selbstzerstörung einleitet. „Ich wollte ein Krimineller sein, und auch kein kleiner, unbedeutender, der nichts zuwege bringt. Zuerst wollte ich in der Zeitung stehen und einen gewissen kriminellen Rang erreichen. Im Grunde wollte ich danach ins Kittchen. Dann dachte ich, bin ich endlich da, wo mein Vater immer sagte, daß ich landen würde und hingehöre ...“ Die psychologische Erklärung, auf diese Weise sich an diesem Vater zu rächen, sein Ansehen in der Öffentlichkeit damit zu schädigen und der Zwang, als gehorsamer Sohn sich zu beweisen, bleiben zu sehr an der Oberfläche. Es bedarf einer viel zentraleren eigenen Betroffenheit, um in solcher Weise sich selbst zu bestrafen, eigenes Leben zu zerstören und in der Destruktion auch andern gegenüber ohne sozialen Bezug und ohne Verantwortung im menschlichen Bereich zu sein. Diesem jungen Mann war der Zugang zum eigenen Wert nicht gelungen, wie seine Geschichte der Kindheit und Jugend eindeutig belegt. Ein narzißtischer Vater hatte ihn als Rivalen bekämpft und als Kampffeld gewählt. Die eigene Schattenproblematik dieses Mannes, nämlich die verdrängten eigenen destruktiven Impulse und

Mordbedürfnisse wurden auf dieses Kind von seiner Geburt an übertragen. Er war das Projektionsopfer dieses blind agierenden Erwachsenen. Die Mutter war zu schwach, um hier Ausgleich und entscheidende Hilfe zu bieten, vielmehr ließ auch sie sich quälen, war eine zu ihrem Mann gut passende Co-Neurotikerin. Dem Sohn konnte der Aufbau eigenen Werterlebens nicht gelingen, weshalb er die von seiner Umwelt und speziell die von seinem Vater gebotene Projektionsrolle annahm und damit den bei seinem Vater unbewußt und verdrängt gebliebenen Anteil der Psyche auslebte. Der Sohn hatte eine erfreuliche Begabung, war von gutem Aussehen, erfuhr viel Bestätigung durch Frauen. Zu all dem kam ein in der Öffentlichkeit angesehener Beruf, jedoch reichte all dies nicht aus, seine steten Selbstzweifel und sein Gefühl der Wertlosigkeit auszugleichen. In seiner beruflichen Position, in seinen Agitationen, auch auf politischer Ebene bekämpfte er immer den Vater und jene Welt, die vorgab, die Wertwelt zu vertreten, zu der ihm der Zugang verwehrt schien. Sein Agieren vollzog sich in doppelter Weise: Seine Ich-Kräfte und sein Ringen um Ich-Selbst-Werden führten zu ununterbrochenen Kämpfen gegen alles, was auch nur den Anschein von Autorität hatte. Dazu gehörten Vorgesetzte, die im persönlichen Bereich lagen und alle, die etwas im öffentlichen Leben zu sagen hatten. Sie waren alle potentielle Beeinträchtiger seiner eigenen Person, so wie er es über die Autorität seines autoritären Vaters am eigenen Leib erfahren hatte. Die Art seines Kampfes war jedoch ganz von der Art dieses bekämpften Vaters geprägt. Er bekriegte zwar seinen Vater ständig in der Außenwelt, hatte jedoch den Vater soweit als Abwehrmechanismus introjiziert, daß er ihn und seine destruktive Art in sich selbst trug und nun genauso destruktiv war, wie der abgelehnte Vater. Über Introjektion (Verinnerlichung) und Abwehrmechanismen habe ich in „Das Ich und seine Umwelt" ausführlich berichtet, so daß ich mich hier nicht wiederholen möchte. Wichtig ist zu erkennen, daß es keine wirkliche Ablösung und Bewältigung der Elternbeziehungen und Elternbilder gibt, wenn nur der äußere Vater oder die äußere Mutter, die jeweilige Person angegangen oder auch symbolisch in irgendeiner Form distanziert oder bekämpft werden. Der entscheidende Schritt ist immer, sich vom introjizierten Anteil von Vater oder Mutter zu lösen, um damit frei zu werden für das eigene Ich-Selbst. Erst dann gibt es eine erwachsene Beziehung zwischen Eltern und dem erwachsenen Kind.

Die Bedeutung der Entmutigung wird wie vieles an dem Extremfall besonders deutlich. Es ist wichtig zu erkennen, daß Entmutigung immer in Verbindung mit Entwertung auftritt. Konstruktive Kritik, die einer Hilfeleistung gleichkommt und vor allem dem jeweiligen Entwicklungsalter, der Begabung und dem Können entsprechend eingebracht wird, wirkt nicht entmutigend. Bei der Entwertung erleben wir, daß wir uns nicht richtig verhalten, das Geforderte nicht zuwege bringen, das andere von uns erwarten, so daß wir uns als unfähig erfahren. Bei aufbauender Kritik empfinden wir die wohlwollende Zuwendung des andern, der uns für befähigt hält und uns zutraut, daß wir das gewünschte Ziel noch erreichen. Wenn uns andere etwas zutrauen, wird das Vertrauen in uns selbst angesprochen. Das Vertrauen, das uns andere schenken, ist die wesentliche Grunderfahrung, die ein Selbstvertrauen ermöglicht. Dann können wir für uns selbst und ebenso für die andern in allem, was wir unternehmen, eine Lernphase, Übungszeit wie auch die Möglichkeit, daß etwas mißlingt, gelassen in Kauf nehmen. Für Menschen mit Selbstvertrauen ist Fehlermachen etwas ganz Natürliches. Angst vor Fehlern und vor der Tatsache, daß etwas nicht den gewünschten Erfolg bringt oder gar schiefgehen kann, finden wir bei denen, die früh entmutigt wurden und mehr oder weniger in die Resignation gingen. Dies beginnt schon mit dem Säugling, den man in den ersten Wochen nach der Geburt nachts solange schreien läßt, bis er aus Erschöpfung trotz seines Hungers wieder einschläft oder aber soweit ausgereift und physiologisch dahin gediehen ist, daß er die von seiner Umwelt gewünschten und starr geregelten Zeitspannen, die er zwischen seinem Hunger zu haben hat, auch einhalten kann. Wer die Sauberkeitsgewöhnung und die bewußte Beherrschung seiner Blase nicht zu dem Zeitpunkt erreicht, der seinen Erziehern vorschwebt, gerät in die Gefahrzone, sich als Versager und Enttäuscher zu erleben. Hinzu kommt hier dann noch Bestrafung in welcher Form auch immer und damit verbunden Angst. Auch wenn Erzieher bei entsprechenden strafenden Maßnahmen tatsächlich ihr Ziel, nämlich die trockene Hose erreichen, bleibt der Zwang zur Anpassung, die Unterwerfung und Demütigung als Erfahrung zurück. Dies wirkt sich später in Verhaltensweisen aus, die wir in dem Zusammenhang mit frühen Erfahrungen im allgemeinen nicht zu sehen gelernt haben. Im Gegenteil kursieren darüber viele Witze, wohl darum, weil wir gerne solche Erkenntnisse beiseite schieben, um uns nicht unserer eigenen verborgenen Ängstlichkeit gegenüber solchen Erkenntnissen stellen zu müssen. Daß viele später jede an sie gestellte Forderung und Erwartung auch mit Angst oder aber mit Opposition beantworten, gerne alles von sich schieben und nur unter Druck oder Zwang das Nötigste dann in Angriff nehmen, hängt nicht immer ausschließlich, aber wesentlich mit frühen Erfahrungen zusammen, die sich in vielen Bereichen wiederholt haben in einem Milieu, das eben mit Zwang und Strafe, Enttäuschung und Liebesentzug reagierte. In dem Kapitel über Narzißmus wird dargestellt, welche seelische Reaktionsformen sich bilden, wenn überhöhte und perfektionistische Anforderungen gestellt werden, sei es von außen oder vom eigenen Innern. Wer in sein Können nicht mit aller Ruhe hineinwachsen durfte, findet für sich selbst oft nur mühsam zur Gelassenheit und Selbstverständlichkeit gegenüber der Binsenweisheit, daß man alles erst lernen, üben muß und wir uns dieses Stadium des Nicht-Könnens gestatten müssen. Wer zu hohe Ansprüche und Anfangsergebnisse von sich fordert oder vom andern, führt direkt in die Entmutigung und damit in die Blockade der Fähigkeiten. Das Ergebnis ist dann verringertes Können, reduziertes Gelingen durch Unsicherheit und die Sorge um Erfolgserlebnisse. Dies ist der Weg in die grundsätzliche Haltung, besser nichts zu unternehmen und nur das zu tun, was man mit Sicherheit kann. Erziehen und jeglicher Umgang mit Menschen aller Altersstufen ist darum erst dann sinnvoll und lebensfördernd, wenn es uns gelingt, Entmutigung zu vermeiden und Selbstvertrauen zu fördern. Es gibt Erwachsene, die darum schwimmen, schifahren, musizieren oder was auch immer nicht lernen, weil sie es nicht ertragen können, sich in diesem Teilbereich als ganz kleiner Anfänger oder gar als ungeschickt oder ängstlich zu erleben.

Die stark Entmutigten, die in die Passivität im Sinne eines Totstellreflexes übergehen, schaden sich am allermeisten. Sie sind auch als Partner, Vater oder Mutter durch ihre Ausfallserscheinungen in der aktiven Lebensbewältigung schwierig zu ertragen. Meist lassen sie alle andern ungeschoren, aber überlassen es ihnen auch, in Aktion zu treten, wo dies erforderlich ist, d. h. sie bringen sich selbst nicht als Mitgestalter ins Dasein ein. Viel schädigender und in jeder Hinsicht andere störend läuft dies bei denen ab, die zwar auch Mangel an Selbstwerterlebnissen haben, jedoch aktiv ihr Defizit agieren und im Sinne des Bewegungssturms reagieren. Mütter, Väter, Erzieher und Partner, die alles besser wissen, besser können, besser machen und dies auch stets demonstrieren müssen, fördern damit nicht, vielmehr entmutigen sie durch ihre zwanghafte Selbstdarstellung aus der Disposition der Überlegenheit heraus. Wir alle sind schon Menschen begegnet, die immer recht haben mußten, weil sie von ihrer eigenen Meinung und Vorstellung über etwas so sehr besetzt waren, daß jede andere Ansicht schon ein Infragestellen dessen war, was sie vertraten, weshalb sie alles, was nicht einer Bestätigung gleichkam, ablehnen mußten. „Ich kann doch nichts dafür, wenn ich immer recht habe …", sagte ein Mann zu seiner Frau, die ihm nahebringen wollte, daß immer recht zu haben oder alles besser zu wissen, den Verdacht auf Uneinsichtigkeit und Mangel an Flexibilität bedeuten könnte. Die fanatischen Rechthaber und Besserwissen wollen alle, und sei es mit Gewalt, zu dem hinführen, was sie vertreten. Die Vielfalt der Möglichkeiten, die Verschiedenheit möglicher Wege zum selben Ziel, all das beunruhigt sie und würde Verunsicherung bringen, weshalb sie sich in Abwehr begeben. „Mein Vater begreift nicht, daß ich als junger Mensch in vielem anders denken muß als er …", sagte ein Sechzehnjähriger, der soviel Reife und innere Selbständigkeit entwickelt hatte, daß er eine andere Meinung seinem Vater zugestehen konnte, eine erstaunliche Leistung bei dem, der einen solchen Vater hatte.

Aber nicht allein Kindern und Jugendlichen gegenüber, im Zusammenleben und Zusammenarbeiten unter Erwachsenen machen sich die Besserkönner unangenehm bemerkbar. Sie benützen jede Möglichkeit und Position, um sich einzubringen, darzustellen, ihre Bedeutung zu unterstreichen. Hierzu gehören alle, die gerne korrigieren, immer etwas noch hinzufügen müssen, um damit auch ihr Vorhandensein, ihre Bedeutung und Zuständigkeit zu demonstrieren. Es ist ihnen nicht möglich, was die andern zuwege bringen rundherum gelten zu lassen, geschweige denn Anerkennung zu äußern oder sich gar an dem zu freuen, was andere zuwege bringen. Manche Intelligente wissen, daß man auch beim andern etwas gelten lassen muß. Sie loben dann wie ein unbeteiligter Schulmeister ohne Herz und Wärme, weil sie zur Anteilnahme nicht fähig sind. Häufig haben solche Menschen von allem eine ganz bestimmte, von ihnen persönlich geprägte Vorstellung, daß alles, was davon abweicht, für sie unbefriedigend ist. Sie sind in der Zusammenarbeit besonders problematisch, weil sie andere sich nicht eigenständig entfalten lassen und allem ihren persönlichen Stempel geben wollen, ohne daß sie sich dessen bewußt sind. Sie wollen jeden zum zwanghaften Rechtmacher zwingen, weil alles, was jenseits von ihren eigenen Normen ist, sie krankhaft beunruhigt. Hierher gehören die ewigen Nörgler, die nie ihren Nächsten Anerkennung schenken können, bestenfalls ferner Stehenden, um sich bei ihnen gut einzubringen und um letzten Endes damit für sich selbst zu werben. „Mein Freund kann bei andern so schön tun ..., nur mich muß er immer runtermachen ..." Hier tauchte die Frage in der Gruppe auf, warum sie sich solche Freunde wählt und warum sie in einer solchen Beziehung verharrt, welche masochistischen Tendenzen hier wirksam sind. „Mein Vorgesetzter kann kein Rundschreiben, das ich entworfen habe, ohne Änderung hinausgehen lassen. Dabei bringt er weder stilistisch noch inhaltlich sachlich berechtigte Veränderungen ein, die ich durchaus verkraften könnte. Aber er kann nicht hinnehmen, daß ich ohne ihn ein ordentliches Rundschreiben für die Behörden zuwege bringen kann. Wenn ich ihm dann sage, daß seine Version die bessere ist, was ich mir spaßeshalber manchmal erlaube, dann ist ihm dies mehr als einem Kind das Weihnachtsgeschenk." Dies ist die Beobachtung eines Oberregierungsrates, der zu bewußt und zu klug war, um sich mit seinem gestörten Vorgesetzten über Jahre hin weiter zu streiten und sinnlos Energien damit zu vergeuden. Er war in derselben Situation wie der Jugendliche, der über seinen Vater hinauswachsen mußte.

Viele scheuen nicht eine große Menge an Arbeits- und Zeitaufwand, um sich in irgendeiner Weise darzustellen, sich als gestaltend zu erleben und eigene Vorstellungen zu versuchen, jedoch oft an der falschen Stelle und unfruchtbar. Ich erinnere mich an eine meiner ersten Veröffentlichungen in einem Band, in dem mehrere psychologische Abhandlungen gedruckt wurden. Damals war ich am jüngsten und unbekanntesten von den Autoren. Der ebenfalls am Anfang seiner Lektorenlaufbahn stehende junge Lektor, der mein Manuskript zu bearbeiten hatte, schrieb meinen Aufsatz völlig um. Dies bedeutete zweifellos viel Zeit- und Müheaufwand, die jedoch an anderer Stelle fruchtbarer einzusetzen gewesen wären. An meiner Arbeit hatte er auch inhaltliche Änderungen eingebracht, die ich nicht akzeptieren konnte. Darüber hinaus war aber die sprachliche Ausdrucksweise die des Lektors und nicht mehr meine eigene Sprache. Der Verlag entschuldigte sich für das Schreib- und Ausdrucksbedürfnis seines Mitarbeiters und alles ging dann durch die Hände eines erfahrenen und nicht mehr Geltung suchenden Lektors reibungslos in Druck.

Sich selbst mächtig und bestimmend zu erleben bedeutet vielen Zuwachs an sekundären Werterlebnissen und ist darum von einem starken inneren Drang getragen. Wer viele Bestimmer und erzwungene Fremdsteuerung erlebt hat, gerät immer in die Gefahr, auch selbst allzu leicht und unbewußt Machtpositionen als Besserwisser auszuleben. Das geschieht unter dem Motto: Endlich kann ich mich nun einbringen und meinen Stempel den Dingen geben.

Ein Chef eines großen Unternehmens erzählte einem Vertreter, der bei ihm zu arbeiten begonnen hatte und zunächst nur geringe Umsatzzahlen erreichte, von seinem eigenen Anfang in seiner Lehrfirma. Dabei berichtete er, zuerst recht wenig Erfolg in der Verkaufstätigkeit gehabt zu haben und wie er über seine geringen Ergebnisse erschreckt war. Erst nachdem er mit den potentiellen Käufern immer mehr Kontakt aufgebaut hatte, kam er zu besseren Verkaufszahlen. „Damals habe ich Durchhalten geübt, und das war mir nicht leicht gefallen ...“ Dies berichtete mir der junge Anfänger, für den es etwas ganz Neues war, daß auch ein Mann wie sein bedeutender, erfolgreicher Chef, also ein Gewinner, auch einmal unten stand und Mühe hatte, die Leiter in die höheren Etagen zu besteigen. „Ich habe es ihm richtig am Gesicht angesehen, daß diese Zeit für ihn nicht einfach war.“ Die Einfühlung in die Situation des Anfängers und das ermutigende Geständnis eigener Mühsal, brachten eine menschliche Beziehung in Gang, die hilfreich wurde. Hätte dieser Chef nur seine Erwartungen, die betrieblichen Forderungen mit entsprechender Nachhaltigkeit und angedeutetem Drohverhalten dargebracht, wäre in diesem Fall und in dieser Situation des Beginns einer neuen Tätigkeit nur Druck und Entmutigung entstanden. Dabei wäre nur das gesagt worden, was der Mitarbeiter ganz genau selbst wußte. Dies vollzieht sich oft im Umgang von Mensch zu Mensch. Erwartungen, Wünsche, Ziele und Verhaltensweisen werden formuliert, über die sich alle längst im klaren sind. Als ob ein Verkäufer nicht wüßte, daß er Umsatzzahlen zu bringen hat, ein Schulkind sich darüber nicht klar wäre, daß weniger Fehler im Diktat eine bessere Leistung darstellen, die mehr Zufriedenheit auslöst. Der in der überlegenen Position verhält sich in der Wiederholung und Formulierung von dem, was alle schon wissen, nicht hilfreich und ohne ein Anzeichen dafür, daß er ein Stück weiter ist als der, dem er etwas zu sagen hat. Es ist sinnlos, wenn ein Kind gestohlen hat oder eine Arbeitsgruppe sich zuviel Zeit ließ für eine Sache, nach warum und wieso zu fragen. Der Erwachsene wie auch das Kind finden immer Antworten und Rationalisierungen, auch wenn sie gar nicht tatsächlich zutreffen und am Eigentlichen vorbeigehen. Wichtig ist dagegen, mit den andern Wege zu suchen, wie dies in der Zukunft zu vermeiden ist. Es geht dabei darum, Mißstände zu beheben, nicht um den Schuldigen zu suchen und den Versager abzuwerten. Den andern zu beteiligen und zu motivieren, den Weg zu einem besseren Ergebnis zu suchen, ist Ermutigung und Hilfe. Je mehr ich dem andern sein Versagen, seine Minderwertigkeit vor Augen führe oder ihn gar rundherum als Person diskriminiere, umso mehr fühlt er sich gedemütigt, wird die Einschätzung sich selbst und dem eigenen Können gegenüber belastet, wird Selbstwert und Selbstvertrauen abgebaut. Damit programmiere ich ihn dazu, nicht viel zu wagen und das negative Ergebnis seines Tuns zu erwarten, was dann auch prompt eintritt. Die Entmutigten werden zunehmend passiv, schränken den Bereich ihres Wagens und Eigenmachtgefühls ein, weshalb sie immer weniger unternehmen, versuchen, üben und ausprobieren und schließlich sich ängstigen vor jedem Unternehmen und eigenen Aktionen.

Es ist darum im wörtlichen Sinne notwendig, daß unsere Lehrer wie auch in den Betrieben die Lehrlingsausbilder auf solche Zusammenhänge nicht nur theoretisierend und psychologisierend hingewiesen, sondern ihnen praktische Leitbilder in Form von Beispielen und Verhaltensmodellen nahegebracht werden. Sie bedürfen der Einübungshilfen, weil angelerntes Wissen nicht dazu ausreicht, die über Jahrzehnte hin eingeschliffenen und am eigenen Leben erfahrenen Verhaltensabläufe in der Aktualsituation zu ändern. Der ehrgeizige Anspruch auf Wissenschaftlichkeit, der für viele zu einer sterilen geheiligten Kuh wurde, läßt lediglich blasse Theorien vermitteln, ohne die Wege ihrer Anwendbarkeit aufzuzeigen. Im Verhalten solcher Theoretiker ist viel Narzißmus zu beobachten mit der damit zusammenhängenden Beziehungslosigkeit zum Nächsten und der Verliebtheit in sich und das Seine. Menschen mit normal entwickelter sozialer Funktion haben das Bestreben, was sie mit ihrem Verstand erkannt und gelernt haben, also auch ein wissenschaftliches Ergebnis, ins Leben zu tragen, es zu verwirklichen. Der Selbstwert der Lehrenden wird sich erhöhen und zu einem neuen Verständnis der eigenen täglichen Arbeit führen, wenn nicht allein Theorien und Wissen vermittelt werden, sondern Wege der Realisierung und dem Lernenden ein Stück Weg zu sich selbst und ins Leben aufgezeigt werden kann. Wer ermutigt, macht Mut zum Leben, für sich selbst ebenso wie für den andern.

Die Besserwisser und alle mit elitärem Gehabe sich im eigenen Vorsprung sonnenden Menschen werden ganz zu Recht nicht nur nicht geliebt, sondern instinktiv abgelehnt, weil sie in ihrem sozialen Verhalten gestört sind. Sie sind nicht der Sache hingegeben, sind nicht bereit mit ihrem Können und Wissen dem Menschen und dem Leben zu dienen, vielmehr dient ihnen alles dazu, sich selbst zu erhöhen. Hier offenbart sich oft kraß der Unterschied zwischen Wissen und Weisheit. Es gibt auch nicht kriminelles und nicht in den Gesetzesmaschen faßbares asoziales Verhalten.

Wenn wir uns bewußt werden, wie unsere ersten Beziehungspersonen, unsere Eltern und Erzieher mit uns umgegangen sind, wo sie unser Unwissen ausgenützt, wo sie uns wie Haustiere behandelt und damit gedemütigt, entmutigt oder ermutigt und motiviert haben, finden wir leichter den Zugang zu unserem eigenen Verhalten. Manches uns selbst vielleicht wenig sympathisches Reagieren und Gebaren wird uns erklärbar und damit leichter zu überwinden. Eine junge Frau fand den Schlüssel ihrer Angst, überall zu kurz zu kommen und darum immer und von allem viel haben zu müssen, in Erlebnissen mit älteren Geschwistern. Durch sie war sie als Kleinste oft übervorteilt worden. Die Großen wußten, was die von Kindern geschätzten Dinge real wert waren, während die Jüngste in ihrem Nichtwissen, bei Tauschgeschäften häufig übervorteilt wurde, als sie dann etwas älter und klüger war, durchschaute sie dies und fühlte sich sehr verletzt. Denn sie liebte ihre Geschwister und sah sich in ihrem großen Vertrauen enttäuscht. Sie hat sich jahrelang in der Jugend rächen müssen, indem sie den andern immer wieder etwas wegnahm oder auslieh und nicht zurückgab. Bei ihrer Sensibilität empfand sie dabei Schuldgefühle, fühlte sich in ihrer Suche nach Ausgleich keineswegs wohl und wurde in der Beziehung zu sich selbst stark belastet. Ausgleichsuchendes Verhalten kann sich in langen Zeiträumen und in vielen Folgeerscheinungen auswirken und zu neuen zusätzlichen Belastungen werden, wenn kein Bewußtwerden des tieferen psychischen Zusammenhanges erfolgt und wir uns nicht selbst durchschauen *und uns selbst verstehen* lernen. Erst dann können wir unser verletztes Kindheits-Ich bei der Hand nehmen und ihm zur Seite stehen. Ohne solch inneres Verstehen und Selbsthilfe verwickelt man sich allzu leicht in die Entfremdung von sich selbst.

Wie wir mit uns selbst umgehen, zu uns als Mensch Stellung nehmen, spiegelt ganz eindeutig wider, was uns in frühester Kindheit widerfahren ist. Es gibt viele, die im Grunde kein Verhältnis zu sich selbst haben, weder zu ihrem Leib, noch zu ihrer Seele, die für sie nicht wahrnehmbar ist. In der Nichtbeachtung eigener Bedürfnisse auf allen Ebenen haben sie auch kein Gespür dafür, was ihnen nottut, wessen sie bedürfen. Nicht mehr auf sich selbst hören und achten, kann dem Säugling schon anerzogen werden, ganz einfach dadurch, daß ihm seine phasenspezifische Urbedürfnisse verweigert und durch ein künstliches Regelsystem ersetzt werden. Kleinst- und Kleinkinder lernen durch entsprechende Erfahrung, daß man dann „lieb" ist und vom geliebten Vater oder der geliebten Mutter Anerkennung findet, wenn eigene Spontaneität, eigenes Wollen, selbstgewolltes Entscheiden und persönliche Bedürfnisse zurückgestellt oder unterbunden werden und die entsprechende Anpassung an die Wünsche und den Willen der andern erfolgt. Je gründlicher dies gelernt wird, sei es durch starken Druck von seiten der Umwelt oder durch ängstliche Anpassungswilligkeit, umso nachhaltiger sind die Folgen auf den Umgang mit sich selbst. Die einen lernen über sich hinwegzugehen und zuweilen in geradezu brutaler Radikalität sich selbst zu verleugnen. Sie verwenden ihre ganzen psychischen Energien dazu, eigene Impulse zu unterdrücken und Leistungen für die andern zu vollbringen, über die das erreicht werden soll, was wir alle zum Leben brauchen: Geborgenheit, Anerkennung und Zuwendung. Wer dies nicht mit dem Angenommensein und der Anerkennung des Eigenwertes erfahren darf, muß sich diese Grundlagen durch Selbstaufgabe erkaufen. Dabei entsteht der überangepaßte Mensch, dem die wesentlichen Grunderfahrungen des Menschseins fehlen, weshalb er immer entsprechend dem Ausmaß dieses Geschehens gefährdet ist. In solchem Zusammenhang entwickeln sich Erwachsene, die nicht wahrnehmen, daß sie frieren und unterkühlen, einer Ruhepause bedürfen für Leib und Seele oder was es auch immer sein mag. In der von allem Anfang an eingeübten Verleugnung eigener Bedürfnisse wurde auch der Selbstschutz und die beim Gesunden ganz natürlicherweise sich einstellende Fürsorge für sich selbst nicht entwickelt. Im Gegensatz hierzu ist das Training der Forderung, die Maßlosigkeit im Verleugnen seiner selbst bis zum Exzess geübt worden. Wieviel Vitalität pervertiert und Fehllenkung psychischer Energien erfolgt und wieweit der Mensch gegen sich selbst getrieben werden kann, um Lebenserhaltung in Verbindung mit Wertsein zu erreichen, ist erschreckend. All dies vollzieht sich nicht selten in dramatischer Weise. Solche Erwachsene haben nicht nur verlernt, das Natürliche und Gesunde in ihren Wünschen, Verlangen und Bedürfnissen zu akzeptieren und als solches zu pflegen, vielmehr wurde eigenes Begehren als solches schon tabuisiert. Im Gegensatz zu denen, die sich nicht als Wert und im Geliebtsein in der Welt erleben konnten und sich dann ihre Beachtung über den Un-Wert bis hin zum Bösen holten, gibt es die totalen Selbstverneiner, die ihren eigenen Wert durch die Wunscherfüllung der andern, also über die andern sich einzuholen trachten. Sie haben die Forderungshaltung der Eltern in solcher Weise einverleibt und zur eigenen Haltung gemacht, daß sie auch als Erwachsene, wenn sie für sich selbst zuständig sein sollten, dies nicht mehr können. Sie bleiben stets auf der Suche und im Bemühen, Leistungen zu zeigen, Beweise auf den Tisch jeden Tages zu bringen, die belegen sollen, daß sie etwas wert sind. Dabei wird nicht nur das eigene Glückserleben, die Zufriedenheit mit sich selbst und dem eigenen Leben nicht mehr angestrebt, vielmehr kann es gar nicht mehr erlebt werden. Darüber hinaus geht solche Haltung oft bis zur Selbstzerstörung und nicht selten wird dabei die Gesundheit an Leib und Seele ruiniert. Oft sind Erkrankungen oder Unglücksfälle eine vom Innern unbewußt arrangierte Hilfe und Versuche, Besinnung und Veränderung einzuleiten. Wo jedoch der Mangel an Urvertrauen und Eigenwerterleben mit existentieller Angst und Schuldgefühlen gekoppelt ist, vollzieht sich die Selbstzerstörung im tragischen Ringen um den Selbstwert.

Aber auch im kleinen alltäglichen Ablauf ist es für uns alle nicht unwichtig, uns in der Wahrnehmung von uns selbst zu erkennen zu lernen. Manche teilen Kuchen aus und vergessen, sich selbst ein Stück auf den Teller zu legen. Ist es immer derselbe in der Familie, der allzu schnell bereit ist, auf etwas zu verzichten, wenn etwas knapp vorhanden ist? Frauen neigen im allgemeinen dazu, zu leicht in solche Rollen zu geraten. Es ist interessant zu beobachten, in welcher Weise und welchem Maß sich die einzelnen Zuwendung schenken. Viele gleichen ihren in der Kindheit erlebten Mangel aus, indem sie sich unbewußt zugute kommen lassen, was nur geht. Sie salben und ölen sich, mehr als ihre Haut aufnehmen kann. In jeder Hinsicht, was Essen, Kleidung, Reisen, Kontakte und alle Formen von Genüssen und lustvollen Zuwendungen anbelangt, gestehen sie sich gerne viel zu. Bewußter lebende Menschen ahnen dabei, daß es sich bei ihnen um kompensierende Zuwendung zu sich selbst handelt, die keine bessere Lösung findet. Sie rationalisieren und entschuldigen ihre verschwenderische Zuwendung zu sich selbst meist mit einem nicht unbegründeten Nachholbedürfnis, das sie jedoch über viele Jahre hin vollziehen und darüber oft zu keiner Lösung kommen, weil die tieferen, ganz unbewußten Zusammenhänge nicht übers Bewußtsein, d.h. über das Nachdenken wie auch über das Nachfühlen, verarbeitet werden. Vielmehr wird im Agieren, d.h. im unbewußt getriebenen, blinden Handeln, eine Lösung gesucht.

Wer als Kind unbeachtet und in seinen berechtigten Ansprüchen frustriert wurde und dann als Erwachsener sich umso mehr in ausgleichender Weise sich selbst zuwendet, ist letzten Endes auch von dem bestimmt, wie die andern mit ihm umgegangen sind.

Grundbedürfnisse des Menschen

Was ist das, was wir Teilhabe am Wert nennen, von uns allen als etwas Grundsätzliches und als das Elementare in unserem Leben erlebt wird. Unser Wert-Sein hängt mit unseren frühesten Erfahrungen zusammen. Wenn wir auf die Welt kommen, ist es von Wichtigkeit, ob unser Dasein akzeptiert wird, unsere Umwelt zu uns jasagen kann oder lernt und sich damit in Pflege, Fürsorge, Verantwortlichkeit uns nähert und mit uns Kontakt aufnimmt. Dies bedeutet, daß meine Nächsten mich bis zu einem gewissen Grad als zu ihnen gehörig annehmen, mich ihnen zuordnen, daß sie es der Mühe wert erachten, sich mir zuzuwenden und mich richtig aufzuziehen. Die ersten Werterfahrungen, die noch ganz im Stadium der Unbewußtheit in den ersten Lebensmonaten geschehen, werden in erstaunlicher Weise aufgenommen, registriert und beantwortet. Wer die Wertzuwendung erfährt, erhält mehr als leibliche Versorgung. Es ist heute belegt, daß das Mehr oder Weniger an liebevoller Zuwendung darüber entscheidet, wie sich die leibseelische Entwicklung vollziehen kann.

Immer wieder werden Zweifel geäußert, daß ein Reflexwesen wie ein Neugeborenes, das noch kein für Wahrnehmung und Bewußtsein entwickeltes Gehirn und Nervensystem hat, solch kompliziertes Geschehen in der Beziehung zu ihm überhaupt registrieren kann. Lange Zeit wurden aus solchem Denken heraus Säuglinge und Kleinkinder ohne besondere seelische Sorgfalt und eher wie ein Haustier behandelt, das man mit Füttern und mit Trinken versorgen muß, darüber hinaus aber erst mehr zu beachten ist, wenn es entsprechende Bewußtheit und Reaktionsfähigkeit entwickelt hat. Dann wurden

Kinder dem und jenem überantwortet und eine Unbekümmertheit dargebracht, die jedem, der etwas von Hundeaufzucht versteht, Entsetzen auslösen würde. Wer ein Gefühl und wer etwas an Wissen über das Jungtier besitzt, würde seinen jungen Hund niemals andern überlassen, ihm ständig Wechsel bescheren in der Beziehungsnahme und ohne Zugehörigkeitserlebnisse und Geborgenheitserfahrung groß werden lassen. Daß Lebewesen auch ohne ein ausgeprägtes Großhirn wie beim erwachsenen Menschen doch vieles wahrnehmen und als Erfahrung verwerten, wollen die übersehen, die dem Verstand in blockierender Einseitigkeit verfallen sind. Denn überall um uns herum gibt es Tatsachen, die rätselhaftes Geschehen darstellen, das wir mit der Ratio einfach nicht erfassen können. Zellforscher geraten immer wieder an Beobachtungen, da sie sich fragen, woher weiß denn die Zelle, wie sie sich nun richtig zu verhalten hat und warum verhält sie sich richtig? Es wurde schon von einem Gedächtnis der Zelle gesprochen. Erfahrungen werden aufgenommen und Konsequenzen daraus gezogen selbst bei Lebewesen ohne Gehirn. Wer mit offenen Augen lebt, sieht auch im Alltag, daß bei gestörter Gehirnfunktion und reduzierter Aufnahmefähigkeit z. B. bei Geisteskranken, Arteriosklerotikern im fortgeschrittenen Stadium, bei Debilen über andere Wege als über das entwickelte und gesunde Großhirn vieles aufgenommen wird und entsprechende Reaktionen erfolgen. Einer meiner Hunde rutschte im Alter von acht Wochen auf einer gewachsten Treppe, die er mühsam zwei Stufen hochgeklettert war, in seiner Tapsigkeit aus und kullerte zwei Stufen nach unten. Allem Anschein nach hatte er sich dabei wehgetan, denn er hat diese Erfahrung nicht nur registriert, sondern sie auch nie vergessen. Seine Konsequenz war, keine gewachste Treppe zu betreten. Dies verweigerte dieses ausgesprochen intelligente und gutmütige Tier bis an sein Lebensende. Bei Freunden, in Hotels und wo wir gewachste Treppen vorfanden, mußten wir das Tier hinauf und hinunter tragen. Weder liebevolle Übungen und Belohnungen als Verstärker, noch strenge Forderungen konnten dieses Tier von der Angst vor der gewachsten Treppe befreien. Dem Säugling und Kleinkind müssen wir darum mehr an Aufnahmefähigkeit zugestehen, und die Erfahrung zeigt, daß Kinder durch die ihren Früherlebnissen entsprechenden Verhaltensweisen geprägt sind. Umso mehr trifft dies im Bereich der elementaren Bedürfnisse des werdenden Menschen zu. Verlangen nach Geborgenheit, Zuwendung und Anerkennung sind Grundbedürfnisse. Die Geborgenheitserlebnisse kommen zustande, wenn die Pflegeperson das werdende Wesen als zu ihm gehörig betrachtet, weshalb Mutter und Kind zunächst eine Dualunion sind, eine Einheit zu zweien, etwas Zusammengehöriges. Leibliche Trennung der beiden ist darum widernatürlich und je nach dem Ausmaß schädlich. Möglichst viel Nähe, Hautkontakt, Körperwärme ist darum für die Geborgenheitsbedürfnisse wünschenswert und beruhigend. Kinder, die immer in ihrem Kinderwagen und -betten, in ihren Kinderställen und -zimmern sein müssen, sind Gefangene, denen wichtige Früherfahrungen vorenthalten werden. Am besten ist es, Säuglinge oft in Körpernähe auf den Armen zu halten, auch wenn wir lesen oder sonst etwas tun. Die Hautnähe und Körperwärme, der Geruch des andern und vor allem sein Herzschlag wirken im aller wörtlichsten Sinne befriedigend. Verwöhnung tritt nur dann ein, wenn man sich dabei mit Kindern ununterbrochen beschäftigt und sie immer der Mittelpunkt unseres Tuns sind. Entscheidend ist das leibliche Nahesein und seelische Wohlsein im Miteinander, das von beiden Seiten erlebt werden kann. Jean Liedloff, die über zwei Jahre in einem Indianerstamm im Dschungel von Venezuela gelebt und viel gesehen und beobachtet hat, berichtet ausführlich und durchdacht über Kinder, die in solcher Weise groß geworden sind. Sie leben die ersten Monate im Dauerkontakt mit ihren Müttern oder anderen Nahestehenden, sie schlafen auch nachts im Bett ihrer Eltern und sind nie allein und verlassen. Ganz von selbst wachsen sie nach der Absättigung ihrer Grundbedürfnisse in die nächste Stufe und in die Ablösung hinein, ohne dazu gedrängt zu werden. Jean Liedloff fiel das friedliche soziale Zusammenleben, die Fähigkeit zum Fröhlichsein und zum Glückserlebnis bei Jung und Alt auf. Diese Kinder machen kaum Scherereien und sind das, was man zufriedene Kinder nennen könnte, die zufriedene Erwachsene werden.

Wo Geborgenheit in vollem Maße geboten wird, ist ganz natürlicherweise ein gutes Maß an Zuwendung damit verbunden. Ich kann ein kleines Wesen nicht in stetem leiblichem Nahesein annehmen, wenn nicht eine Zuwendung, ein Ausgerichtetsein auf diesen werdenden kleinen Partner erfolgt. Sich als Beschützer und in der Verantwortung zu geben, heißt, einen wesentlichen Teil seiner selbst zur Verfügung zu stellen. Dies ist jedoch nicht im Sinne eines Opfers zu verstehen, weil man dabei selbst für die aufgewandte Libido viel zurückerhält und im Grunde einen wesentlichen Schritt in der Ich-Selbst-Findung erfahren kann. Zuwendung heißt, sich täglich dem Kind als Gegenüber zur Verfügung stellen mit Schmusen, Spielen, Singen, Lachen, Turnen oder was es auch sein mag. Dies ist übrigens auch bei der richtigen Aufzucht eines Hundes erforderlich. Wer es nicht tut, einen Hund in einen Zwinger oder viele Stunden am Tag in eine Wohnung eingesperrt und ohne die Nähe und Teilnahme eines andern Lebewesens läßt, ist ein Tierquäler, der überhaupt nicht begriffen hat, was das Wesen eines Hundes ist, für den Nähe und Dabeisein alles bedeutet.

Die Anerkennung ist letzten Endes die Voraussetzung, um dem andern die Bereitschaft für Geborgenheit und die Hingabe der Zuwendung zu geben. Den werdenden Menschen anzuerkennen, heißt ja zu ihm sagen, seine Existenz anzunehmen in meinem eigenen Innern, in das er hereinragt. Damit gebe ich dem Kind und auch Menschen aller Altersstufen zu fühlen, daß ich ihre Existenz als richtig empfinde. Später kommt es vor allem bei Kindern darauf an, auch das Tun und Verhalten, das *wie* einer ist, anzunehmen und entsprechend Anerkennung zu signalisieren. Das meist unbewußte Erlebnis durch den andern „ich bin richtig" ist für unsere Entwicklung zum Selbstvertrauen und für unsere Glücksfähigkeit von allergrößter Bedeutung.

Wir sehen wie die entscheidenden Urerfahrungen ineinander übergehen und kaum zu trennen sind. Allem zu Grunde liegt jedoch als Voraussetzung, ob der Neuankömmling in der Welt von seinen Eltern, die ja meist die ersten Beziehungspersonen sind, unbewußt oder bewußt als wert erachtet wird, wobei dies nicht rational begründbar und auch nicht begrifflich faßbar sein muß. Der Säugling ist schicksalhaft davon abhängig, ob er auf Menschen trifft, die in irgendeiner Weise Werte erleben und demgemäß reagieren können. Man kennt in der Chemie den Begriff der Wertigkeit, was über das gegenseitige Bindungsvermögen der chemischen Elemente etwas aussagt. Wenn mir etwas wertvoll ist, wird dadurch meine Beziehung zu diesem Seienden bestimmt. Wie könnten wir jemanden Geborgenheit, Zuwendung und Anerkennung schenken, wenn nicht über die Werterlebnisse eine gegenseitige Verbindung zustande gekommen wäre. Daß Mutterliebe eine hormonale Angelegenheit sein soll, ist durch die Harlowschen Versuche mit größter Eindeutigkeit widerlegt worden. Die Affen, die keine Mutterzuwendung am eigenen Leibe erfahren hatten, waren trotz Schwangerschaft und Geburt von Jungen nicht bereit, ihre Jungen anzunehmen und mütterlich zu reagieren. Sie waren bereit, sie verhungern zu lassen oder zu töten. Da beim Menschen ähnliche Zusammenhänge und Abläufe gehäuft zu beobachten sind, seit bewußter menschliche Verhaltensweisen in Längs- und Querschnittanalysen verfolgt werden, müssen wir die Frage stellen, ob solche Fähigkeit zum menschlichen Werterleben und damit zur gegenseitigen Verbindung davon abhängt, wieweit wir selbst in einer solchen Wertverbindung gelebt haben. Dies würde bedeuten, daß wir nur dadurch die vielfältigen menschlichen Erlebnis- und Reaktionsfähigkeiten verwirklichen können, wenn sie durch entsprechendes eigenes Erleben die Grundlage und Eigenerfahrung zur Entfaltung erhalten haben. Mangel an Werterleben führt dann zur Verkrüppelung der emotionalen Fähigkeiten, die zum Beantworten von Wertmöglichkeiten notwendig sind. Die Tragik solcher Zusammenhänge löst bei vielen Angst aus in bezug auf ihr eigenes Leben und im Hinblick darauf, daß sie selbst in der nächsten Generation eine solche Kette von Verhängnissen für andere Menschen auslösen könnten. Viele Menschen lehnen tiefenpsychologische Erkenntnisse und psychodynamische Zusammenhänge zu erkennen darum ab, weil dies immer auch sie selbst angeht. Es gibt heute viele unter uns, bei denen durch Frustration im Werterleben nur eine geringe Wertigkeit möglich ist, im Sinne unseres Beispiels in der Chemie würde das heißen, daß nur ganz wenig vom andern aufgenommen werden kann, d.h. wenig Verbindung verwirklicht zu werden vermag. Weil wir um unseren Wert immer bangen, sträuben wir uns dagegen, unsere Mangelerscheinungen wahrzunehmen. Hier sind wir wieder bei dem schon erwähnten Mechanismus, daß aus der Not eine Tugend arrangiert wird. „Ich kann mich nicht für andere zur Verfügung stellen, ich will mich nicht für Gott weiß was verantwortlich fühlen, diese Einbildung habe ich nicht. Ich will leben, ich will mich selbst sein." Als ob Leben und Ich-Selbst-Sein ohne die Verbindungen und all das damit zusammenhängende der Verbindlichkeit sich realisieren könnten.

Das Elend der Erwachsenen, die ihr Leben lang um Anerkennung und um das Gefühl, etwas wert zu sein, ringen, beginnt in der Kindheit. Entmutigungen, Demütigungen, Ungerechtigkeiten und menschliches Elend der Entwertung vermögen umso mehr zerstörend zu wirken, je weniger das frühe Einbezogensein in Wertbereiche, je weniger Wertigkeit erfahren wurde. Man könnte auch ganz einfach sagen, je weniger elementare Erlebnisse des Geliebtseins stattfanden. Psychologisch gesehen geht es im Lieben um eine doppelte Teilhabe am Wert. Wenn ich geliebt werde, bin ich dem andern etwas wert. Das heißt, mein Wert wird vom andern erkannt. Im Hebräischen ist lieben auch mit erkennen zu übersetzen. Das aktive Lieben erfüllt im Gegensatz zum Geliebtwerden die doppelte Funktion. Ich werde vom Wert des andern ergriffen im schöpferischen Akt des Werterkennens und löse im andern sein Erlebnis eigenen Wertseins aus. Damit werde ich für ihn bedeutsam und kann mich selbst im Wertbezug zum andern erleben. Im Lieben geht es auch im Seelischen um Geben und Empfangen, um Zeugen und Gebären. „In Deiner Nähe bin ich ein besserer Mensch …" Die Hinführung zum eigenen Wert ist der tiefere Grund, warum Liebe die Nähe sucht. Dann führt die Teilhabe am andern auch zu mir selbst. Wo Projektionen uns glauben lassen, daß wir lieben, wirkt Nähe und Dauer, vor allem aber der Alltag und seine Wirklichkeit belastend oder gar zerstörend. Die Wirklichkeit steht im Gegensatz zur Erwartungshaltung, die mit einer Projektion verbunden ist.

Lieben hält den Alltag jedoch aus. Dabei geht es nicht um Verliebtsein, Sympathie oder Erotik, sondern um unser zentrales Anliegen, dem andern etwas wert zu sein, als Liebender wie als Geliebter. Glücklicherweise ist solche unmittelbare Teilhabe an dem, was uns in unserer Totalität erreicht, unabhängig von Alter, Reifung, Bewußtsein, Begabung oder Intelligenz, auch von äußeren Umständen.

„Ich habe nicht gewußt, was ein Kind ist …", sagte eine junge Mutter, die durch das Erlebnis der Geburt und das Hineingestelltsein in eine solch wesentliche Aufgabe, wie das Aufziehen eines Menschen, ganz bewußt eine gewaltige, sie total ergreifende Herausforderung erlebte. Das Angesprochensein von ganz neuen Lebensbereichen und das Erlebnis von nicht rückgängig zu machenden Zuständigkeiten aktivierten in ihr Möglichkeiten, die sie bisher nicht kannte. Für sie selbst wie auch für das Kind wurden Werterlebnisse ausgelöst, entwickelten sich gegenseitige Bedeutungszusammenhänge, wurden leib-seelische Kräfte aktiviert, vollzog sich ein Geben und Nehmen, so daß beide sich in ihren Möglichkeiten und Impulsen zur Entfaltung steigerten. Es muß ausdrücklich formuliert werden, daß nicht nur Mangelfolgen sich über Generationen hin weiterreichen und verhängnisvoll werden. Auch alle kleinsten positiven Zuwendungen, jedes Bereitsein für den andern, den werdenden Menschen ist von unaufhaltsamer Bedeutung, geht weiter als Chance und vermag sich immer aufs neue zu realisieren. „Mein Sohn und ich waren uns von kleinauf so nahe, hatten eine solche Fülle von gemeinsamen Erlebnissen, haben uns gegenseitig so viel bedeutet über Jahre hin, daß ich sicher bin, er wird nach seinem Pubertieren einen Weg finden zu gesunder Zweisamkeit und auch wieder zu mir eine Beziehung neuer Art entwickeln. Ich will warten lernen. Ich weiß, daß ich ihm vertrauen kann, weil es zwischen uns nie leer war." Dieser Äußerung eines Vaters ist nichts hinzuzufügen.

Wenn Säuglinge und Kleinstkinder sich zu wenig in der Bedeutung des andern erfahren dürfen, versuchen sie schon ganz früh, sich auf der Haben-Ebene Ausgleich und Lustersatz zu verschaffen. Viele suchen Befriedigung durch Flucht in allzuviel Schlaf, in übermäßige Eßlust, was viele Eltern dann mit

Selbsttäuschung fördern. Verschlafenheit und Vielesserei wird manchen Kindern anerzogen. Es gibt aber auch andere Auswege, z. B. die Spannungsäußerung durch Kopfschütteln beim Einschlafen, Unruhe, viel Weinen, Neigung zu Erkrankungen und auch die Säuglingsonanie treten als Symptome bei zu wenig Kontaktpflege und Wertbedeutung auf.

Eine junge Mutter hatte große Schwierigkeiten mit ihrem Partner und hätte sich gerne von ihm getrennt, empfand aber ihren Säugling dabei als Hemmung. Sie sah keinen Weg aus ihrer Misere, fühlte sich durch das Kind in der Falle einer unerfreulichen Partnerschaft und wurde dadurch gehindert, eine richtige Beziehung zu ihrem Säugling aufzubauen, sich selbst dabei zu steigern und zu erweitern, zumal der Vater des Kindes ihr alle Verantwortung und Zuständigsein für den kleinen Menschen überließ. Nachdem sie durch einige Beratungen sich in all diesen Schwierigkeiten gestützt fand, konnte sie zu ihren normalen Reaktionen und Entwicklungen in der Beziehung zum Kind hinfinden, und damit war bei diesem Baby die Onanie überwunden ohne irgendwelche Verbote, Behinderungen, in denen man die Lustsuche unmöglich machte usw. Nicht alle Säuglinge mit zu wenig Bedeutung für die ersten Beziehungspersonen, finden Ausgleichslösungen. Manche verfallen in Apathie, stumpfen ab, zeigen Entwicklungsverlangsamungen und versinken in Langeweile. Es gibt auch Säuglingsdepressionen. Wer die Filme von René Spitz sieht, der Kinder mit Kontaktmangel und ohne Zärtlichkeitserlebnisse, ohne Geborgenheit und Umsorgung gefilmt hat, kann dies kaum wieder vergessen.

Wenn kleinere oder größere Kinder naschen müssen, schwindeln, um gut dazustehen, diebern, um sich selbst zu trösten oder damit durch Geschenke die Sympathie bei andern zu gewinnen, leben sie auf irgendeiner Ebene unbefriedigt und leiden häufig Mangel. Dabei kann ein solcher Säugling oder ein Kind in einem goldenen Wohlstandskäfig sitzen, kann außer den Eltern eine Pflegeperson, eine Säuglingsschwester haben. Wenn diese kleinen Wesen dem andern nicht etwas wert sind, ihn nicht nur oberflächlich, sondern im tieferen und wesentlichen Sinn ansprechen, so daß auf das Kind hin etwas ausgelöst wird, eine Reaktion erfolgt, nützt alle Schokolade und alle Süssigkeit für Leib und Seele nichts, hat das Übermaß an Spielzeug und Kleidung wie auch an steriler Umsorgung nicht den Rang von Bedeutung. „Ein Kind ist etwas Wunderbares … Ich kann das nicht formulieren …", sagte mir ein älterer Mann, der eben gerade darum seine persönlichen Schwierigkeiten und Nöte immer wieder meistern konnte, weil er in der Lage war, Seins-Werte zu erleben. Das ist seine Kreativität, die bis hinein in den Alltag reicht. Sie bedarf nicht der Kunst und der Kunstwerke, nur des lebendigen Lebens. Wer Seins-Werte erleben und in der Hingabe an sie zu antworten vermag, lebt kreativ. Er ist dem schöpferischen Leben oft mehr hingegeben als einer, der ein Bild malt, Geige spielt oder sich der Literatur widmet. Das Bemühen um Kreativität und der Bereich der Kunst wird bei vielen zu einem Secondhandshop, wenn das Lebendigsein im unmittelbaren Lebensvollzug nicht gelingt.

In unserer Zuneigung zum Kind, das geht uns alle an, ist immer die Gefahr, daß wir eine Menge an eigenen Wünschen, Hoffnungen, Selbsterleben und Demonstrationen von uns selbst in die Beziehung zum Kind einbringen. Davon können wir uns nicht hundertprozentig freimachen. Es ist jedoch schon hilfreich, um diese Gefahr zu wissen, über sich, über sein eigenes Mangelleiden und Ausgleichsuchen ein wenig bewußt zu werden. Der Respekt vor dem andern Menschen, ihn nicht für uns verfügbar zu nehmen, schützt uns vor Übergriffen. Wir können hier von den Völkern und Stämmen viel lernen, denen wir uns sehr überlegen fühlen in unserem Ansammeln von Wissen. Dabei verlieren wir oft den Blick für das Wesentliche. Bei den Winnebago, einem nordamerikanischen Indianerstamm, wird ein Kind mit zwei oder drei Jahren in solchem Maße als Persönlichkeit und zu Entscheidungen berechtigt respektiert, daß es gefragt wird, ob seine abgelegten und zu klein gewordenen Mokassins an Fischer verkauft werden dürfen. Es gibt Jägerstämme, die im Sammlerstadium leben und heute noch zu finden sind, die ihre Kinder nicht schlagen, weil dies für *beide* Seiten als entwürdigend empfunden wird. Eskimos sahen, wie Matrosen von fremden Ländern sich prügelten und sagten „Sie halten einander nicht für Menschen". Bei Stämmen auf der Stufe des Jägerstadiums hörten die Forscher Äußerungen wie „Wir schlagen unsere Kinder nicht, weil sie dann schlechte Jäger werden." Soviel Weisheit ist möglich bei so wenig Wissen. Aus der Anerkennung des andern als werdender Mensch, ergibt sich auch das *wie* wir mit ihm umgehen. Dies wird umso schwerwiegender, wenn uns die Erfahrung zeigt, daß die Art und Weise des Umgangs zu Prägungen führt, die ein Leben lang bestimmen. Nicht nur die psychoanalytischen Erfahrungen, auch die systematischen und gründlichen Forschungsergebnisse von Ethnologen sind hierfür Bestätigung. Zweifellos kann man mit entsprechender Brutalität und auch mit psychologischen Methoden ein Kind dazu bringen, daß es nicht mehr weint, wenn es sich allein fühlt, früher nicht mehr einnäßt, als dies natürlicherweise sich vollzieht, oder nicht nachts beim Erwachen zu Vater oder Mutter ins Bett kommt. Was wir damit aber an Resignation, Verlassenheitserlebnissen, Beängstigung durch den andern Menschen, auch den nächststehenden, was wir aus Frustrationen als Grundlage zu Aggression oder Depression aufbauen, wird dem Laien nicht sichtbar, zumal es sich häufig um Spätfolgen handelt.

Ich werde immer wieder an den Vater erinnert, der seinem Sohn das Einnässen abgewöhnt hat, indem er ihn Sommer und Winter als Strafe in einen eiskalten Trog Wasser tauchte, wenn Hose oder Bett naß waren. Als das Kind onanierte, wurden ihm die Händchen am Bett festgebunden. Nachdem er eine Schlafstörung hatte, und nachts dann in seinem Kinderbett herumkrabbelte, wurde er in das Gefängnis eines Schlafsacks geknüpft, der ihm unmöglich machte, sich aufzurichten. (Es gibt auch andere Schlafsäcke.) Nachdem als nächstes Symptom Stottern auftrat, wurde auch hier mit Strenge und Gewalt versucht, richtiges Sprechen zu erzwingen. Als das Kind schließlich verstummte und kein Wort mehr herausbrachte, wurde es mir in die Sprechstunde gebracht.

Zusammenfassend können wir sagen, daß das Maß, in dem wir als „der Mühe wert" erachtet, uns Geborgenheit, Zuwendung und Anerkennung geschenkt wurden, darüber entscheidet, ob wir unsere Möglichkeiten realisieren können, die Fähigkeit zum Glücklichsein entwickeln, im sozialen Verhalten und in der Begegnung mit dem Du kooperationsfähig werden.

Frustration im elementaren menschlichen Bedürfnis führt zu grundlegenden und darum in ihrem Ausmaß erschreckenden Schädigungen, die schwer angehbar sind. Solche Mangelerlebnisse positiver Befriedigung schaffen die Basis zu Aggressivität bis hin zur Brutalität und fördert den Haß, der oft an der Stelle auftritt, da man Gemeinsamkeit sucht und im Grunde lieben möchte. Der Haß ist nicht allein selbstzerstörerische, unbewältigte Reaktion beim Hasser, sondern auch für den Gehaßten ohne Möglichkeit einer sinnvollen Auseinandersetzung. Dies gilt ebenso im Rahmen eines Kollektivs. Jede Gesellschaft erreicht ein Optimum, wenn jedem einzelnen Wert zugestanden wird und Rangordnungen nur in der Weise gebildet werden, sofern sie von der Sache und Eignung her notwendig sind. Dabei ist die gegenseitige Beziehung und Achtung auch der einfachsten Leistung nicht aus dem Bewußtsein zu verlieren. Die demokratischen Prinzipien, von denen wir uns das Recht, die Entscheidungsfreiheit und die Anerkennung des einzelnen versprechen, sind nur aus dieser Haltung heraus zu verwirklichen. Es darf nicht vergessen werden, daß ein Chirurg ohne seine Patienten leer ausgeht. Dabei betrifft dies nicht nur sein Honorar, sondern viel mehr noch geht es darum, daß er sein Können, seine Leistung und seinen speziellen Erfolg für sich nicht realisieren und damit nicht erleben kann. Was ist ein Bürgermeister ohne seine Bürger. Nicht der einzelne, vielmehr der Bezug der einzelnen im Wir ist für die Wertbefriedigung im Kleinen wie im Großen entscheidend, in der Familie wie auch im Hinblick auf Gesellschaften, Völker und Nationen. Um dies Wirklichkeit werden zu lassen, ist eine immer bewußtere Unterscheidungsfähigkeit notwendig. Wir können nicht mehr wie frühere Generationen einer Fachautorität eine Rundumanerkennung gewähren und in blindem Vertrauen jeden Menschen mit einer gehobenen Ausbildung oder Vorrangposition achten in der naiven Hoffnung, daß er auch ein guter Mensch sein wird. Es ist erstaunlich, wie viele Menschen sich beraten lassen wollen und sich Hilfe versprechen durch Menschen, denen hierfür Ausbildung und Fachwissen fehlen. Der Lehrer wird für psychologische Fragen als kompetent erachtet, der Arzt für Ehe- und Erziehungsfragen. Um die Überbewertung von Akademikern und Ranghöheren und damit die Wertunterschiede nicht mehr wie in alten Zeiten ins Unermeßliche wachsen zu lassen, ist differenziertes Wahrnehmen notwendig und die Abgrenzung von Zuständigkeiten. Lernen wir darum unterscheiden zwischen dem fachbezogenen Können und dem Träger des Erlernten. Ein tüchtiger Könner und Fachmann kann z. B. im beruflichen wie auch im privaten Bereich durch persönliche Eigenschaften destruktiv und gefährlich werden. Schon wenn er von Profilierungssucht beherrscht ist und als Politiker oder Gewerkschaftler z. B. damit Aktivitäten auslöst, die in ihren Spätfolgen für die andern oder dem Ganzen gefährlich werden. Sofern ein Arzt nicht zu ertragen gewillt ist, daß nicht alle seine Krankenbetten belegt sind, kann er unter Umständen die Grenze bis hin zur Kriminalität überschreiten. Ein Bürgermeister kann ein kluger Verwaltungsfachmann sein, für die Stadt gute Geschäfte tätigen, schöne Reden halten können, und doch im Umgang mit Mitarbeitern und Bürgern hinterhältig und rigoros sein oder sich eigene Vorteile verschaffen. Das Versagen als Mensch im ganz privaten Bereich, in seiner Familie und Partnerschaft haben wir dabei noch ganz unberücksichtigt gelassen. Demokratie vollzieht sich nicht ohne Verantwortung. Der Wert des einzelnen wird nicht dadurch erhöht, daß alle alles dürfen. Dies führt ins Chaos. Vielmehr ist die Wachsamkeit und Bewußtheit aller notwendig, um zu richtigen Bewertungen zu kommen. Alle haben ihre Funktion. Vergessen wir nicht, daß im Islam die Armen und Elenden auch ihren Sinn und sogar einen bedeutsamen Wert für die andern darstellen. Wie sollen diese sich als gut und edel erweisen, wie sollen sie die religiös geforderten Aufgaben der Fürsorge für andere lösen, wenn niemand da ist, dem geholfen und gegeben werden soll. Solange wir noch stark von dem Ringen um den eigenen Wert absorbiert sind, wir uns des eigenen richtigen Handelns nicht sicher sind, fällt es uns schwer, Sinn und Wert von denen anzuerkennen, die anders sind als wir und uns Mühe abverlangen oder gar belasten. Wir bekämpfen in unseren Kindern und unserer Umwelt das, was wir in uns selbst nicht ganz oder nur mit Anstrengung bewältigen und uns in unserem Selbstwertgefühl verunsichert. Viele Außenseiter sind uns verhaßt, weil sie bei uns ganz unbewußt und verdrängt an etwas rühren, was uns selbst betrifft. Sie erinnern an das, was wir in uns selbst nicht gerne wahrhaben möchten und unser Selbstvertrauen stört, weil wir zu schwach sind, uns dem zu stellen, das wir nicht sein wollen, aber doch Anteile davon in uns tragen.

Wer als Kind nur bedingt geliebt wurde mit der Formel „Wenn Du ein liebes Kind bist und meinen Vorstellungen entsprichst, erhältst Du meine Liebe", wendet diese Formel auf sich selbst an. Wer sich durch geliebte Menschen zu wenig in der eigenen Art bejaht, wer sich bei Fehlverhalten und Versagen gleich in Frage gestellt sah, hat es schwer, als erwachsener Mensch sich selbst anzunehmen. Die Auseinandersetzung mit all unseren Möglichkeiten im Schattenbereich findet in vielfältiger Weise statt. Nicht umsonst schreiben die Dichter Gedichte und Geschichten von Vagabunden, gibt es Lieder und Bilder über das Leben der Zigeuner, gibt es Romangestalten, die im Alltag versagen und in ihrer Romantik ertrinken. Und nicht ohne Grund sprechen uns solche Darstellungen in Bild, Wort und Musik auch an. Warum ist der Krimi in Bild und Text von großer Beliebtheit? Fragen wir uns doch, warum Tausende von Menschen abends nach mühsamer Tagesarbeit mit großer Aufmerksamkeit und Hingabe all die Brutalitäten, Gemeinheiten und Verbrechen eines Krimis ansehen und sich angesprochen fühlen; denn sonst würden sie sich andere Formen der Unterhaltung suchen. Auch hier vollzieht sich ein Versuch der Auseinandersetzung mit den eigenen Schattenproblemen. Daß zuviel an Brutalem und Gemeinem in Bild und Text uns in Ängstlichkeit und nervöse Beunruhigung treiben können oder auch Aggressionen steigern und auszulösen vermögen, wollen wir dabei nicht übersehen. „Ich bin immer heilfroh, wenn ein Krimi so ausgeht, daß der Verbrecher erwischt und seiner Strafe zugeführt wird. Es ist mir dabei, als würde eine innere Stimme zu mir sagen, daß ich auf der richtigen Seite bin." Dies ist die Aussage eines labilen jungen Mannes. Selbstwert und Selbstachtung schützen uns auch vor uns selbst, bestimmen die Art der Kontaktnahme mit den andern und entscheiden darüber, wo wir stehen.

Wertzugehörigkeit stabilisiert den Menschen, gibt ihm soviel Ich-Stärke, daß Neurose oder gar Psychose und Kriminalität unsere Ich-Stabilität und Ich-Konstanz nicht abbauen können. „Warum stehle ich nicht …? Warum nehme ich die Mühe und Arbeit auf mich, um ein neues Auto bezahlen zu können …? Es werden doch so viele Autos gestohlen. Ich bin klug genug, um zu wissen, wie man dies anstellt. Warum verwehre ich mir solche Erleichterungen? Ich könnte dies doch als eine Sache meines Mutes, meiner moralischen Unabhängigkeit und meiner Ablehnung unserer Gesellschaftsnormen erklären. Warum eigentlich …?" fragte ein sehr intelligenter Dreißigjähriger, der sich mit vielem auseinandersetzen wollte. Er meinte, die Angst vor Strafe ist wohl keine Behinderung, sofern man sich zutraut, die Sache geschickt zu machen. Er hielt sich nicht moralisch soweit geprägt, daß es ihn abhielt vom Stehlen, weil er nicht zu den Vorbestraften oder Kriminellen gehören wollte. Er hielt sich in seiner Jugend darauf etwas zugute, aus dem üblichen Verhalten auszuscheren, die gesellschaftlich genormte Regel zu durchbrechen. Letzen Endes fand er keine Antwort auf seine Warumfrage. Sein kluger Verstand fand keine Argumente, doch sein Gefühl wollte ihn nicht jenseits der Werte leben lassen, verhütete sein Ausscheren aus der Verbindung mit den andern. Verbindlichkeit schafft Zugehörigkeit. In einer individualistisch geprägten Zeit werden die dadurch gesetzten Grundwerte kaum erkannt.

Ein trauriges Beispiel krankhafter Befreiung von der Wertstruktur, die allem Menschsein innewohnt, bietet der grausame Mörder Manson mit seiner Serie von lustvoll vollzogenen Morden. Ihm ging es darum, wie er klar zum Ausdruck brachte, sich aus allen Begrenzungen in die totale Freiheit zu bringen. Der letzte Maßstab der völligen Ungebundenheit war die Freiheit zu morden ohne schlechtes Gewissen.

Primärer
und sekundärer Narzißmus

Sigmund Freud hat in seiner ersten Trieblehre den Sexualtrieben als ebenso mächtig und bedeutsam die Ich-Triebe gegenübergestellt. Dies stammte aus der Beobachtung, daß in seiner viktorianisch geprägten Zeit viele Menschen daran erkrankten, weil sie durch die unterdrückte Sexualität entstehende Konflikte nicht zu lösen vermochten. Obwohl unter seinen Patienten sicher die Ablehnung der Leib- und Triebseite des Menschen eine viel größere Rolle spielte, als wir dies heute bei den Patienten feststellen, hat Freud das intensive Verlangen und die Bedeutung der Ich-Triebe erkannt und zum Ausdruck gebracht. Die Dynamik der Ich stärkenden und zum Selbst hinführenden Energien steht hinter der Wucht sexueller Triebe nicht zurück. Die dem Ich nahestehenden und zum Werden eines Selbst notwendigen Impulse haben zwar denselben Charakter und sind in ihrer Dynamik wie Triebgeschehen, doch ließen sich die Ich-Triebe, wie Freud sie nannte, in einer naturwissenschaftlich geprägten Wissenschaft nicht unterbringen. Denn das damalige Triebverständnis forderte die organische Grundlage jeden Triebes. Die beobachteten Ich-Triebe störten Freuds Bedürfnis nach einem einheitlichen, geschlossenen System, das den damaligen wissenschaftlichen Normen entsprechen sollte. Darum wurden die Ich-Triebe, für die keine materielle, organische Grundlage gegeben war, aufgegeben und die ursprüngliche Triebtheorie fallengelassen. Daß Triebe ebenso wenig rational erklärbar sind wie Werte, die im Menschen ebenfalls eine Dynamik und Leidenschaft bis hin zur Selbstaufgabe entfalten können, wußte Freud. Er hat einmal gesagt, daß der Trieb der Mythos der Psychoanalytiker ist. Ursprünglich heißt Mythos ganz einfach „Wort". Der Mythos ist eine Form, in der das rational nicht Faßbare gestaltet wird.

Weil die Erfahrung in der analytischen Arbeit mit dem Menschen unserer Zeit deutlich zeigt, daß sich die Problematik und die krankheitsauslösenden Störungen wie auch die damit verbundenen Symptome im Verhältnis zum Beginn unseres Jahrhunderts verändert haben, müssen daraus Konsequenzen gezogen werden. Alice Miller hat in ihrem Buch „Du sollst nicht merken" in mutiger Weise deutlich werden lassen, wie durch zwanghaftes Festhalten an der Trieblehre Freuds dem Patienten und auch der ganzen Psychoanalyse und Psychotherapie schwerwiegender Schaden zugefügt wird. Dabei wurde auch dargestellt, wie schwierig es für den Analytiker ist, sich aus diesem Denk-Schema, das Freud als eine zeitbedingte Vergewaltigung sich selbst zugemutet hat, zu lösen und zunächst in sich selbst Loslösung und Weiterentwicklung zu leisten. Das psychologische Verständnis für den Patienten erweitert sich, wenn wir zurückkehren zu den Ich-Kräften und zu dem, was ebenso zum Menschen gehört wie sein Leib, seine Sexualität und alles Triebgeschehen. Wenn auch immer noch viele Analytiker versuchen, mit den alten Mitteln und den alten Freudschen Grundbegriffen der Triebtheorie über Sexualkonflikte jede neurotische Erkrankung zu erklären und in diesem Sinne behandeln wollen, sind doch die Denker und Forscher unter den Psychoanalytikern hierüber längst hinausgegangen. Sie haben das wieder aufgegriffen, was Freud unter dem Zwang damaligen naturwissenschaftlichen Denkens beiseite schob. Es hat sich eine Ich-Psychologie in der psychoanalytischen Psychologie aufgebaut. Damit wurden neue Begriffe geschaffen und wir hören von der Ich-Selbstfindung als dem Weg zu gesunder Lebensbewältigung. Hierzu gehören auch die im Menschen ursprünglich vorhandenen Bedürfnisse, die wir als Grundbedürfnisse gekennzeichnet haben: Geborgenheit, Zuwendung und Anerkennung. Diese Verlangen sind Voraussetzung für jede gesunde Entwicklung. Unglücklicherweise wird dies von den Psychoanalytikern als narzißtisches Bedürfnis bezeichnet. Diese Bezeichnung ist umso unerfreulicher, weil der Begriff des Narzißmus durch den Mythos und im allgemeinen Sprachgebrauch schon geprägt und mit Vorstellungen besetzt ist, nämlich mit der ausschließlichen und dadurch egozentrischen Vereinseitigung der Beziehung zu sich selbst. Die Bezeichnung „narzißstische Bedürfnisse" ist wohl dadurch zustande gekommen, weil der Säugling zunächst in seinem frühen Menschsein nur auf sich selbst bezogen lebt, zuerst sich selbst wahrnehmen lernen muß, ehe er Umwelt und alles, was Nicht-Ich ist, erfahren kann. Man sprach darum von einem natürlichen Narzißmus, primärer Narzißmus genannt, der im eigentlichen Sinne dieses Wortes gar keiner ist, weil ein Säugling sich nicht sich selbst zuwendet, auch nicht in sich selbst verliebt ist wie der Narzißt. Dies geht ganz schlicht darum nicht, weil in diesem frühen Stadium nichts vorhanden ist im Sinne eines Ich. Lassen wir diese unglückliche Bezeichnung dahingestellt und nehmen wir zur Kenntnis, daß es eine Phase gibt, in der das Erleben der Grundvoraussetzungen, die zu einer Ich-Entwicklung führen, von großer Bedeutung ist. Menschen, die in dieser Phase nicht die notwendige libidinöse Zuwendung erfahren haben, entwickeln sich als narzißtische Persönlichkeiten. Hier gibt es eine breite Skala. Sie beginnt mit dem sehr auf sich selbst und auf seine Bestätigung und Vorteile Bedachten und reicht hin zum größenwahnsinnigen Psychotiker. Es gibt eine Vielfalt von Versuchen, die früh erlittenen Mangel- und Ausfallserlebnisse im Bereich lebensnotwendiger Bedürfnisse auszugleichen.

Der Narzißt, dessen Hauptanliegen die Zuwendung zu sich selbst ist, der blind um sich selbst besorgte und um sich selbst kreisende Mensch erscheint uns immer in all seinem Tun auf sich selbst ausgerichtet. Narzißten sind in ihrer Entwicklung im Hinblick auf die libidinöse Zuwendung auf der Stufe des Säuglings und Kleinkindes stehen geblieben. Trotz allem sonstigen Können und all dem Erreichten in anderen Bereichen verharren sie im sozialen Verhalten und in ihrer Art der Weltbegegnung auf einer Frühstufe. Darum spricht die Entwicklungspsychologie der Psychoanalyse vom sekundären Narzißmus. Es blieb also die ausschließliche libidinöse Besetzung der eigenen Person über die Zeit des entwicklungsbedingten und „natürlichen Narzißmus" hinaus erhalten. Dies hat zur Folge, daß alle psychischen Energien in der Zuwendung zu sich selbst ausgerichtet sind und alles im Dienst des unentwickelten Ichs sich vollzieht. Es fließt darum keine Libido einem Du zu, einer Aufgabe, oder all dem, was uns in der Welt ergreifen und Zuwendung abverlangen könnte. Wenn Aufgaben übernommen werden, geschieht dies nur im Hinblick auf den eigenen Nutzen. Dies erklärt die Beziehungslosigkeit, die Gefühlskälte und Teilnahmslosigkeit gegenüber all dem, was um Narzißten herum geschieht. Sie sind für nichts zuständig außer für die Sorge um sich selbst. Es erscheint uns als die lebenslange Überkompensation der nicht erhaltenen libidinösen Zuwendung durch die ersten Beziehungspersonen. Hier vollzieht sich eine der vielen Paradoxien im menschlichen Dasein: Der ursprünglich nach Kontakt, Dazugehörigkeitserlebnissen Hungernde isoliert sich nun durch eine Art psychischer Selbstbefriedigung und macht sich dadurch selbst das unmöglich, wonach er im Grunde verlangt.

In den Anfängen der Psychoanalyse galten die narzißtisch Gestörten als unheilbar. Eine psychoanalytische Therapie im klassischen Sinn war darum nicht möglich, weil die emotionale Unentwickeltheit die heilenden Prozesse nicht in Gang kommen ließ. Ohne die Fähigkeit zu emotionaler Beteiligung vollziehen sich keine Nachentwicklungen. Narzißten können nicht mit Hilfe der Übertragung ihrer Gefühle auf den Therapeuten etwas aufarbeiten, weil ihnen die Voraussetzungen zur Übertragung fehlen. Sie vermögen kaum Gefühle zu erleben, was immer auch ausdrückt, von etwas oder jemanden angesprochen zu sein. Außerdem können sie die Früherlebnisse im Zusammenhang mit Mutter und Vater in einer Übertragung nicht wiederholen, weil sie keine frühen Beziehungserlebnisse hatten. Inzwischen wurden vor allem durch die Anregungen von H. Kohut doch therapeutische Wege gefunden, daß auch narzißtische Störungen angegangen werden können, wenn es gelingt, daß der narzißtische Patient den Therapeuten schließlich als Teil seiner selbst aufnimmt und in dieser Situation dann über ihn eine Zwiesprache mit sich selbst hält, so daß über die Hereinnahme des Therapeuten in den eigenen psychischen Bereich eine Erweiterung des eingeengten, schwach entwickelten Ich-Selbst stattfinden kann. Auch dies ist paradox für den, der mit narzißtischen Persönlichkeiten zu tun hat. In ihrem zentralen Bestreben für sich selbst zu sorgen, wirken sie in ihrer Ichhaftigkeit und Egozentrik nicht ich-schwach und lassen auch keine Probleme mit ihrem Selbstwert vermuten. Vielmehr wirken viele so, als wären sie von der Wertigkeit der eigenen Person besonders überzeugt. Wer den Mechanismus der Kompensation versteht, weiß wie dies zu erklären ist. Das Defizit erzeugt eine Dynamik des Ausgleichs. Wenn keine gesunde ausgleichende Balancefindung und die angestrebten Werte nicht aufgebaut werden können, bedarf es eines besonderen Aufwands und fortgesetzter Manipulationen zur Beruhigung dessen, was in der Psyche beunruhigt ist. Wo der Zweifel am Selbstwert vorhanden ist, sind unendliche Agitationen und ununterbrochene Beweissuche notwendig, um zu vermeiden, sich dem Erlebnis der Wertlosigkeit hinzugeben, weil es nicht ausgehalten werden kann.

In solchem Zusammenhang sind auch die zuweilen merkwürdig anmutenden Beziehungen zu sehen, die narzißtisch Gestörte pflegen. Sie können keinen normalen Austausch von Ich und Du und von Du zum Ich vollziehen, weil sie sich abschirmen und an den Belangen und Interessen des andern sich nicht beteiligen. Im allgemeinen teilen sie sich wenig mit und äußern nur, was zu ihren persönlichen Bedürfnissen und Interessen gehört. Trotzdem können sie in Panik geraten, wenn Gefahr besteht, den Partner, für den sie sich in keiner Weise zuständig fühlten, mit dem sie auch keine wirkliche Beziehung von Mensch zu Mensch hatten zu verlieren. Dies erklärt sich dadurch, daß dieser Mensch zwar nicht als Partner, sondern als Teil des narzißtischen Ichs fungierte. Dabei wurde er nicht als Persönlichkeit wahrgenommen, jedoch ist er ein einverleibter und nützlicher Teil in der Seele und im Leben des Narzißten. „Ich bin für meinen Mann Statist .... Muß vorhanden sein und fehle in seinem gewohnten Umwelt-Bild, wenn ich abwesend bin. Dabei habe ich das Gefühl, daß ich ganz einfach seine Gewohnheit bin. Denn mein Mann spricht nichts Wesentliches mit mir, teilt nichts von sich mit und will schon gar nichts von mir wissen oder anhören. Das wäre ihm ausgesprochen lästig. Als ich ins Krankenhaus kam, benahm er sich wie ein hilfloses Kind, das durch Mutterverlust auch sich selbst verliert …." Zuweilen wird solche infantile Abhängigkeit als Ausdruck von Liebe gedeutet. Dies ist ein großer Irrtum. Narzißten sind liebesunfähig. Sie benützen den andern nur zu ihren Zwecken, was nicht nur im äußeren Geschehen, sondern auch intrapsychisch sich vollzieht. Leicht entwickeln sich dabei Abhängigkeiten. Von manchen Partnern der Narzißten wird die Tatsache verdrängt, daß hier sich keine menschliche Beziehung vollzieht. Oft sind es Menschen, die auch schwere Selbstwertstörungen haben und die schon eine gewisse Befriedigung empfinden, wenn sie glauben, gebraucht zu werden.

Viele Menschen mit Helfer-Syndrom, d.h. mit dem ausgeprägten Bedürfnis, sich als Helfer oder gar als Heiler zu erleben, sind oft mit allen ihren Kräften und völliger Hingabe bemüht, narzißtisch Gestörten zu helfen, sie über das Mangelleiden frühester negativer Erfahrungen hinwegzubringen, indem sie alles Erdenkliche tun, um die von kleinauf fehlende Zuwendung nun nacherleben zu lassen. Sie überschütten den andern oft mit Liebesbeweisen und überschreiten dabei häufig die Grenze des eigenen Schutzbedürfnisses. Die Erfahrungen zeigen, daß dies den narzißtisch unersättlichen Charakter nicht zur Weiterentwicklung bringt. Er verschlingt gierig alles, was zu haben ist, nimmt auf allen Ebenen skrupellos, ohne dadurch jedoch eine Sättigung zu erleben oder gar einem andern Menschen näher zu kommen. Narzißtische Störungen gehören in den Bereich der großen Psychotherapie und verlangen tiefenpsychologische und analytische Hilfe, da ihre Störungen mit der sogenannten kleinen Psychotherapie nicht angehbar sind, weil über das Bewußtsein allein keine Nachentwicklungen zu erreichen sind. Es ist ein außerordentlich schwieriger Prozeß, jemanden von zwanghafter Selbstzuwendung und einer häufig damit verbundenen Inflation des Ichs in eine gewisse Distanz zu sich selbst zu verhelfen, d.h. ihm den Erlebnishorizont zu erweitern. Die Philosophen, die Dichter und auch die Religionen haben immer schon zum Ausdruck gebracht, welche große Bedeutung in dem Geschehen liegt, nicht von sich selbst libidinös besetzt zu sein, weil in der Zuwendung zum andern und im Ergriffensein von Welterfahrung sich Menschsein erst vollziehen kann. Auch gilt hier wieder das Paradoxe: Wer bei sich selbst ist, im Zentrum des Selbstwerterlebnisses verankert ist, vermag sich von sich selbst zu distanzieren.

Der Weg führt zunächst aber über die Ich-Entwicklung und die damit verbundene Fähigkeit, sich dem andern und der Umwelt zu stellen, Begegnung zu vollziehen. Hierzu ist das Erfahrungsmodell der Urbeziehung Voraussetzung und ist prägend für die Art, in der wir uns öffnen und wagen. Weil der Narzißt ohne solche Ur-Modelle lebt, ohne die Erfahrung, von jemanden als Wert erlebt worden zu sein, und darum ohne Wertgeborgenheit ist, sucht er nach Erich Neumann ein Not-Ich. Aus der Wertpsychologie gesehen, erhebt der Narzißt sich selbst zum Wert, mit dem er sich identifiziert, nachdem er sein WertSein über den andern nicht erfahren hat und darum daran zweifelt. Die Psychoanalytiker nennen dies die libidinöse Besetzung des Selbst, was noch bedeutend mehr ist als die libidinöse Besetzung des Ich, da das Ich bestenfalls als ein Teil des Selbst, als eine Bewußtseinsfunktion des Selbst angesehen werden kann. Die totale Zuwendung der Libido zum Selbst führt in die psychotische Gefährdung. Es ist die Überschwemmung durch unbewußte Dynamik, die nach Ausgleich sucht bei viel Mangelleiden.

Der gesunde Mensch hat nicht eine nur in sich selbst kreisende Libido. In der normalen Entwicklung erfolgt eine Du-Findung. Dabei fließt die Libido zum andern Menschen, was zum Erleben einer zwischenmenschlichen Beziehung führt. Die dabei erfahrenen Bereicherungen, Erlebenshorizonterweiterungen und Beglückungen bringen unsere Reifung zuwege. Darunter verstehen wir im Hinblick auf das ursprünglich auf sich selbst bezogene Verhalten des Säuglings die Entwicklung zu einem Ich-Selbst, das in Bezug steht zum andern Menschen und zur Welt. Dabei geht es um einen doppelten Prozeß: Die Findung des Selbstwertes und darüber hinaus das Werterleben von anderen Werten. Nun erklärt sich, warum Narzißten nicht zu lieben vermögen. Es fehlt das Ergriffenwerden vom Wertbereich des andern. Wer nicht zu lieben vermag, dem erschließen sich Menschen und alle Lebewesen wie auch alle Dinge bewußt oder unbewußt nur unter dem Nützlichkeitsaspekt. Dies ist eine Haltung, die wir in unserer heutigen Gesellschaft zunehmend beobachten. Es ist eines der vielen Merkmale, die darauf hinweisen, daß narzißtische Persönlichkeiten und Lebenshaltungen stark zunehmen. Beziehungslosigkeit, Unverbindlichkeit und Angst vor Verantwortung, das Bedürfnis sich alle Türen offen zu lassen und alles für sich selbst beanspruchen zu dürfen, gehört mit dazu.

Herr R. wollte sich nie entscheiden. Dies ging bis in kleine Details. Nie war er in der Lage, spontane Zusagen zu geben, verbindlich zu planen. Bei wichtigen Entscheidungen, Fortführung oder Auflösung einer Beziehung, größeren Geldausgaben, und immer wenn nicht eindeutig sein sicherer Vorteil und die Gewißheit des für ihn günstigsten Ausgangs deutlich war, suchte er bei andern Entscheidungshilfen und wand sich darum, selbst zu einer Entscheidung zu kommen. Außerdem war er auch ein Perfektionist. Die Vorstellung für eine Wahl mit negativem Ausgang sich selbst verantwortlich machen zu müssen war für ihn angsterregend. Die andern wußten nie, was aus seinem Gerede, seinem Wenn und Aber wird, weil er alles am liebsten in der Schwebe hielt. Bei seinem geringen Selbstwertgefühl hatte sich eine überkompensierende Fürsorglichkeit für sich selbst entwickelt, die sich in hypochondrischen Beängstigungen ausdrücken konnte. Dies ist auch eines der Merkmale narzißtischer Zuwendungen. Herr R. konnte nicht verstehen, daß niemand gerne mit ihm in näheren Kontakt treten wollte. Er fand es ganz natürlich, daß jeder sich selbst der Nächste ist. „Natürlich" verstand er auf seine Weise. Seine Sensibilität bezog sich nur auf ihn selbst und alles, was mit ihm persönlich in Zusammenhang stand. Er vermied zwar alles, um etwa bei Kollegen oder in der Verwandtschaft negativ in Erscheinung zu treten und hielt sich, wie es Perfektionisten zu tun pflegen, streng an Gesetze, Ordnungen und allgemeine Üblichkeiten. Im Grunde jedoch war sein Verhalten immer davon bestimmt, keine Scherereien zu bekommen und seinen

Selbstwert zu pflegen durch ein gutes Image bei den andern. Sein soziales Verhalten war in seiner eigenen Familie auf ein Minimum reduziert. Hier wollte er Eigenmachterlebnisse genießen, weshalb er sich tyrannisch gebärdete, die andern unterdrückte und ausnützte, wo es nur ging. Als seine geduldige und viele Jahre in der Hoffnung auf seine Veränderung und Weiterentwicklung hoffende Frau ihn schließlich verließ, führte dies bei ihm zu keiner Einsicht oder Wiedergutmachungswünschen. Der nur auf sich selbst Bedachte versäumt und verliert nicht nur sein eigenes Leben, er versäumt und verliert auch die andern. Wer nur sich selbst sucht und um sich selbst kreist, findet weder sich, noch ein Du, noch die Welt.

Das heißt nicht, daß alle die sich selbst übergehen und verleugnen am besten zum Wesentlichen vordringen und eigenes Leben zu gestalten vermögen. Wer in den andern untergeht, vermag die zur Reifung und Wesensfindung notwendigen Prozesse ebenfalls nicht zu vollbringen. Wo kein Ich ist, kann keine Ich-Du-Begegnung stattfinden. Ohne zu mir zu stehen, mich selbst aufzubauen, mich selbst sein zu lernen, kann ich mich weder den andern noch einer Aufgabe in der Welt richtig hingeben. Ich bleibe dann im Schatten der andern und bin deren Ausführungs- und Wunscherfüllungsgehilfe ohne eigene Lebensgestaltung, was bedeutet, den andern Menschen und meinem eigenen Leben viel schuldig zu bleiben. Beide Extreme, die Überbewertung der eigenen Person und ihre Verleugnung sind von Angst geprägt. Der ängstliche Mensch, der sich bisher nicht traute, seine Bedürfnisse, Ansprüche und Wünsche darzubringen und dazu zu stehen, hat seine Lebensangst und sein Wertdefizit nicht überwunden, wenn er nun zum Narzißten wird, und seine Libido nur noch sich selbst zuwendet. Auf diese Art und Weise vollzieht sich keine Selbstfindung. Dabei geht es um das Maßfinden nach beiden Seiten. Der gesunde Mensch schützt sich vor unsinnigen Frustrationen und hat auch keine Anst davor, sich mit Engagement dem andern Menschen und der Welt im weitesten Sinne hinzugeben, nicht nur in gelegentlichen und unverbindlichen Begegnungen, sondern mit der Hingabe dessen, der sich selbst vertrauen kann. Der Gesunde vermag die Realität des andern zu verkraften, weshalb er in Dauerbeziehungen sich entfalten kann. Er hat auch die Kraft, sich aus Beziehungen zu lösen, in denen er narzißtisch mißbraucht wird.

Frau T. erkannte erst nach langjähriger Ehe, daß ihr Mann ganz auf sich selbst bezogen lebte. Kontakte pflegte er nur mit wenigen Bekannten, die ganz auf ihn und seine Interessen eingingen. Andere Menschen interessierten ihn nicht, und die Freunde seiner Frau hatte er schon in den ersten Ehejahren vertrieben. Er benahm sich bei Besuchen schweigsam und desinteressiert, so daß niemand an der Fortführung der Kontakte lag. Frau T. hatte nicht genug Selbstsicherheit, um die Beziehungen zu ihren Bekannten und Freunden trotzdem zu pflegen. Sie scheute sich, ihnen gegenüber offen über das Verhalten ihres Mannes zu sprechen und wagte auch gegenüber ihrem Mann nicht dagegen anzugehen, sich gegen das zu wehren, was er ihr zumutete. Bei ihrem schwachen Selbstwertgefühl ließ sie sich zu sehr irritieren, wenn ihr Mann die andern kritisierte. Er hatte einige Jahre Vorsprung an Lebenserfahrung, eine bessere Schulung und Ausbildung als sie, übte einen angesehenen Beruf aus, während sie selbst als Hausfrau tätig war. Sie unterwarf sich den Argumenten ihres Mannes und seinem gestörten Verhalten, obwohl ihr Gefühl deutlich meldete, daß ihr diese Entwicklung in ihrer Ehe nicht gefiel, ihr schmerzlich war, und sich immer mehr Unzufriedenheit ansammelte. Damit praktizierte sie in der Zweisamkeit das, was sie in ihrer Kindheitsfamilie schon geübt hatte: Man wird geliebt, wenn man tut, was die andern wollen. Was Du selbst willst, ist nicht in Ordnung und wird von den andern abgelehnt. Unterdrücke Deine Wünsche und Bedürfnisse, und Du bekommst keine Schwierigkeiten mit den andern. Sie kam wegen Kopfschmerzen in Behandlung, die keinerlei organische Grundlage hatten und immer dann auftraten, wenn sie sich geärgert hatte. Nachdem sie mit Unlustgefühlen und Ärgernissen nicht umzugehen gelernt hatte, schwieg sie häufig dann, wenn sie sich hätte mitteilen sollen. Weil sie ihrem gesunden Fühlen nicht traute, meldete sich nun ihr Körper. Als Frau T. in der Behandlung soweit gediehen war, daß sie sich zu äußern vermochte, ihre persönlichen Bedürfnisse anmeldete und soweit sich verselbständigt hatte, daß sie eigene Kontakte mit alten und neuen Bekannten pflegen konnte, wollte sie mit diesem nur auf sich selbst bezogenen ausschließlich an sich selbst interessierten und in vieler Hinsicht auch lieblosen Mann nicht mehr zusammenleben. Bei allen vorangegangenen Bemühungen von ihrer Seite, hatte sich bei ihm keine Veränderung, kein Entgegenkommen, kein Mitgefühl für seine Partnerin in Gang gesetzt. Erst als Frau T. innerlich zu einer Scheidung entschlossen und ihre eigene Hoffnung und Geduld am Ende war, erklärte sich Herr T. von sich aus bereit, nun an seiner Problematik zu arbeiten und sich in eine analytische Therapie zu begeben. Solange auch nur ein Funken von Bereitwilligkeit und Kooperation bei seiner Frau vorhanden war, wollte er mit aller Macht versuchen, sein bisheriges bequemes und narzißtisches Leben aufrechtzuerhalten. Seine Frau hatte ihm allzu lange die Dienste des Co-Neurotikers geleistet und bei ihnen beiden die Möglichkeit zur Reifung damit zu einem gewissen Grad mit verhindert. Es ist bei manchen Neurotikern oft ähnlich wie bei Alkoholikern: Die Teilnahme und das Erdulden der Co-Alkoholiker lassen die Lügen des Süchtigen vor sich selbst und auch den andern gegenüber solange fortbestehen, bis der Partner aus dieser Rolle heraustritt und in restloser Entschlossenheit handelt. Erst wenn niemand mehr vorhanden ist, der Fehlverhalten mitzutragen bereit ist, entsteht bei vielen die Chance, daß sie sich ihrer eigenen Zuständigkeit bewußt werden. Bei Alkoholikern bedeutet dies, sich die Sucht einzugestehen. Sie anzugehen, bedeutet sich seiner tiefen Traurigkeit und verborgenen Notsituation zu stellen, die auszuhalten bisher ohne die Täuschung durch den Alkohol nicht möglich war. Eine Hilfe ist darum notwendig, kann jedoch nicht vom Partner oder von Freunden geleistet werden. Auch bei der Sucht spielen Demütigungen, mißbraucht worden sein als Kind, Mangel an frühen Werterlebnissen eine große Rolle.

Die frühen Kontakterfahrungen sind darum von größter Bedeutung. Es ist für jedes Kind das Entscheidende, wieviel libidinöse Zuwendung es erfahren darf. Nachdem der Begriff Libido mit psychischer Energie definiert wird, ist damit wenig Aussage gegeben. Wenn wir vom Werterleben und der damit verbundenen Dynamik ausgehen, können wir uns darunter mehr vorstellen. In dieser Sprache würde es heißen, daß es eine schicksalhafte lebenslange Auswirkung gibt, wenn ein Kind von andern als Wert erlebt wird, also Wertträger sein darf. Als Wert befunden werden, ist die Grundlage allen Liebens. Im Wertbereich stehen wollen, also geliebt werden wollen, ist darum unser zentralstes Anliegen, das uns nie verläßt.

Das in der frühen Kindheit sich aufbauende Daseinsgefühl bestimmt über das Ausmaß unseres Vertrauens in das Leben und in den andern Menschen. Es bestimmt nicht nur das Selbstwerterleben, das von nicht zu überschätzender Bedeutung ist. Darüber hinaus hängt davon auch ab, wie Schwierigkeiten und Belastungen ertragen und wie Konflikte gelöst werden können. Die Probleme des äußeren Lebens wie auch intrapsychischer Natur werden bei entsprechenden Eigenwerterlebnissen in der Weise angegangen, daß eine Balancefindung zwischen den Extremen möglich ist. Es gibt dann weder eine krankmachende Zurückstellung der eigenen Person, noch eine Selbstbehauptung, die den andern das zumutet, was wir für uns selbst ablehnen, also die Verschiebung des kränkenden Anteils auf den andern.

Bei aller Bemühung, einem Kind gerecht zu werden und kindliche Bedürfnisse zu befriedigen, ist es nicht möglich, ihm ein Leben ohne Frustration zu gestalten. Hinter solchen Vorstellungen stehen utopische Wunschbilder. Auch Eltern müssen nicht Selbstaufgabe leisten. Ohne gewisse persönliche Verzichtleistungen können wir vor allem in den ersten Lebensjahren des kleinen Menschen nicht gute Eltern sein. Denken wir nur ans Stillen, das ein Dasein fürs Kind unumgänglich macht. Säuglinge und Kleinkinder dürfen nicht alleingelassen, ihrem Schreien bei Leibschmerzen, Zahnen, Einsamkeitsgefühlen und was es auch sein mag überlassen werden. Wir können nicht verreisen wie wir wollen und Säuglinge und Kleinkinder andern übergeben. Zweifellos sind dem jeweiligen Alter entsprechende kleine Frustrationsübungen notwendig, die der Vollzug des alltäglichen Lebens normalerweise auch mit sich bringt. Mit dem Größerwerden muß ein Kind auch lernen, daß es nicht immer auf den Arm genommen sein kann, Mutter oder Vater auch etwas Ruhe brauchen und z. B. Mittagsruhe auch vom Kind respektiert werden muß. Ein Mangel an Frustrationserfahrungen, an Erlernen von Eingrenzungen und auch gewissen Verboten führt zu einem Status der Verwöhnung, was in der Begegnung mit andern Menschen zu großen Schwierigkeiten führt. Die Verwöhnten haben große Probleme, sich in der Welt zurechtzufinden. Sie erleben die Umwelt jenseits von dem verwöhnenden Elternhaus dann als ausgesprochen feindlich, weil sie bald erfassen, daß die andern nicht bereit sind, ihnen alle Wünsche zu erfüllen und alle Unannehmlichkeiten abzunehmen. Auch hier tritt das Gegenteil ein von dem, was die Verwöhner anstreben: Das Kind bekommt nicht grenzenloses Vertrauen und fühlt sich nicht wie in einer heilen Welt, was die Verwöhner ihm vorgaukeln wollen. Vielmehr entsteht Verunsicherung und Ängstlichkeit durch die Erfahrung, von den andern keineswegs als Prinz oder Prinzessin aufgenommen zu werden. Wer Kinder verwöhnt, was in den meisten Fällen durch materielle Wuncherfüllung sich vollzieht, muß über seine persönliche Problematik nachdenken und danach suchen, was er für sich selbst und in der Identifikation mit dem verwöhnten Kind agiert. Indem er ihm ein Paradies schaffen will, versucht er seine eigenen infantilen Wünsche zu realisieren, für sich selbst etwas nachzuholen und benützt das Kind damit zu eigenen Befriedigungen, deren er sich meist nicht bewußt ist.

Herr V. war seiner Mutter Lebensinhalt. In der Liebe zu ihm und in seiner liebenden Zuwendung zur Mutter fühlte sie sich zum ersten Mal in ihrem Leben geliebt, erlebte sich als Wert. Nachdem sie selbst eine Kindheit voll Mangelleiden an inneren und äußeren Werten hatte, wollte sie ihrem Jungen ein anderes Leben gestalten. Er wurde ihr Ersatz-Ich und bestimmte damit ihr Dasein. Sie fand nicht zum eigenen Wertsein und lernte sich darüber nicht selbst aufbauen, vielmehr diktierte das Kind, was jeweils zu geschehen hatte. Seine Wünsche waren oberstes Gebot. Dies bezog sich nicht nur aufs Essen, Spazierengehen und die Wahl des Urlaubsortes. Er bestimmte auch, wer eingeladen wurde, ob Mutter weggehen konnte am Abend, was ihm keineswegs passte, auch nicht als er schon größer war. So wurde er zu einem kleinen Tyrannen, der schließlich asthmatische Anfälle bekam, als dann in der Schule nicht mehr alles von Mutter arrangiert werden konnte, und er sich mit einer nicht jeden Wunsch erfüllenden Welt konfrontiert sah. Seine Mutter hatte nie nein sagen können. In Ihrem Glück geliebt zu werden, züchtete sie Abhängigkeit, totales Gebrauchtwerden. Unbewußt stand dahinter der Wunsch, sich dieses Glück zu erhalten und sich den Gesetzen des Lebens, nämlich Wandel und Entwicklung zu leisten, zu entziehen. Hier war Mutterliebe narzißtisch eingesetzt. Das Kind war als Teil der eigenen Person einverleibt worden. Der im Lieben und gegenseitigen Werterleben sich vollziehende Entwicklungsprozeß konnte im eigenen Innern nicht vollzogen werden, was zur Fehlhaltung gegenüber dem geliebten Objekt führte. Hier war tatsächlich der andere zu egoistischen Zwecken mißbraucht worden.

Freud sprach schon von Narzißtischen Kränkungen. Wir verstehen darunter Verletzungen unserer Selbstliebe, was letzten Endes eine Infragestellung unseres Selbstwertes bedeutet. Kein Leben vollzieht sich ohne Frustrationen, Traumen, Konflikte und leibseelischen Belastungen. Wie wir mit ihnen umzugehen gelernt haben, das entscheidet über Gesundheit und Krankheit, zuweilen auch über Leben und Tod. Je schwächer unser Selbstvertrauen auf der Basis von Selbstwert- und Eigenmachtgefühlen ist, umso mehr müssen wir unsere eigene Wirklichkeit und die der andern verdrängen, wollen wir sie in unseren Vorstellungen verändern und mit Hilfe von Abwehrmechanismen Tatsachen verdecken, umgestalten, eben Wirklichkeit verleugnen. Die Ansammlung unbewältigter Ereignisse und Tatsachen führt mit der Zeit zu Ohnmachtserlebnissen und damit zu starken Störungen im Bereich des Selbstwertes. In letzter Konsequenz führt dies bei den Suicidalgefährdeten dazu, daß sie sich bei allzu großem Selbstwertverlust in ihren Ohnmachtsgefühlen und Depressionen nicht mehr für wert befinden um weiterzuleben. Weil sie nicht zu ihrer Existenz stehen können, phantasieren sie vom Selbstmord als einer Erlösung durch Auflösung. Nach H. Henseler sucht der Suizidant in solch narzißtischen Krisen, – wir sagen Gefährdungen des existentiell notwendigen Selbstwertes, – im Tod die Geborgenheit, die ihm in seinem Leben nie erlebbar war. Das heißt, er will aufgenommen werden in einem größeren Ganzen, da er selbst zu wenig ist. Die Flucht ins All oder in ein Jenseits, also weg von der irdischen Lebenswirklichkeit ist der Ausdruck tiefer Verneinung. Sie kann nur dann auftreten, wenn das Ja zur eigenen Existenz nicht erlebbar wurde.

Schuldgefühle mit und ohne Schuld

Schuldig werden wir, wenn wir gegen die gültige Ordnung handeln. Dabei sind zwei Ebenen zu unterscheiden: Sofern wir gegen die Gesetze des Lebens verstoßen, ist nicht nur die Struktur des Seins und ein ewig Gültiges verletzt worden, sondern darüber hinaus unsere eigene Existenz betroffen, weil auch wir, jeder einzelne, den lebenserhaltenden Gesetzen unterstehen. Wer die Grundmuster nicht einhält, muß an sich selbst die Folgen erleiden. Hier geht es um das Schuldigwerden dem eigenen Leben gegenüber und damit immer auch am andern Menschen und am Leben schlechthin. Wir können durch Nichterfüllen der Seinsforderungen, also über die Passivität, am eigenen Lebensauftrag vorbeigehen. Es ist aber auch durch Aktivität und durch unser Handeln möglich, lebenszerstörend, ja weltzersetzend zu wirken. Hier geht es um Vernichtung und Destruktion. Wer nicht einsteigen will in den Bezug zu sich selbst, mag denken, daß er glücklicherweise nicht daran beteiligt ist oder war, im großen negativen Geschehen mitzuwirken, also nicht zu den Schädlingen gehört, die Menschen und auch die Umwelt zerstören. Wie nachhaltig und über Generationen hin wirksam wir sind, wird uns erst bewußt, wenn wir erkennen, welche Folgen im Positiven wie im Negativen durch all unser Tun entstehen. Was wir in der Welt bewirken, setzt sich im andern Menschen fort von Generation zu Generation. All unser Tun zählt. Wer in den Entwicklungen von Menschen verfolgt, wie eine hilfreiche und aufbauende Begegnung zu irgendeinem Zeitpunkt, sei es im privaten, schulischen oder beruflichen Bereich, zum heilenden Ausgleich oder ermutigenden Anstoß werden kann, mißt dem alltäglichen Geschehen wieder jene Wirkung bei, die ihm gehört. „Ich hatte einen Lehrmeister, der mir immer wieder auf die Schulter klopfte und mich spüren ließ, daß er mir wohlgesinnt ist, mir etwas zutraut. Bei ihm habe ich durchhalten gelernt. Ich hatte keinen Vater, den ich im Umgang mit Menschen als Vorbild hätte nehmen können. Aber im Umgang mit meinen Kollegen und vor allem mit meinen eigenen Kindern habe ich nun ein Modell, an dem ich mich orientieren kann." Die wenigsten unter uns sind sich bewußt, daß wir in aufbauendem wie in abbauendem Verhalten Reaktionen auslösen, zum Bild werden können, an dem sich ein anderer orientiert. „Ich habe zu Hause gelernt, daß wer schreit und unflätig ist, wer sich rüpelhaft benimmt, am besten durchkommt." Dies ist die Aussage aus einem Eheberatungsgespräch. Dieser Mann war schon der dritte in seiner Familie, der auf dieser Linie sich selbst und den andern zum Schaden wurde. Weiter zurück konnten wir nicht verfolgen, da über die Urgroßeltern keine Aussagen vorhanden waren. Es sei hier nur nochmals angedeutet, wie sehr wir verflochten sind in alles Geschehen. Wer nicht um seine eigenen Belange gerungen hat, kann nicht ewig sagen, daß andere schuld sind, etwa die Eltern, die Geschwister, der Partner, und was sonst hier angeführt werden könnte. Es gibt in jedem Verlauf einen Punkt, an dem wir für uns selbst zuständig sind. Ein schönes Beispiel hierfür ist in der Odyssee mythologisch dargestellt. Aiolos, der Gott der Winde, hilft Odysseus und seinen Mannen zur Heimkehr übers Meer. Er gibt ihnen die in eine Kuhhaut eingebundenen, gefesselten Winde mit, damit sie ihnen nicht die Heimkehr über das Meer durch Stürme gefährden. Aiolos gibt auch die Warnung mit auf den Weg, diese Häute keinesfalls während der Fahrt zu öffnen. Es geht nun gut voran und sie sind ganz kurz vor ihrem Ziel, als einige Männer, während Odysseus, der kluge Held, sich etwas ausruht und schläft, aus infantiler Neugierde und aus Mißtrauen sich dem Gebot des Gottes widersetzen und die Kuhhäute aufbinden. Die entfesselten Winde führen zu einem großen Sturm, der die Männer auf ihrem Floß zurückwirft und sie landen wieder da, wo sie hergekommen waren, nämlich auf der Insel des Windgottes Aiolos. In all diesen Bildern sind intuitiv psychologische Vorgänge und Wahrheiten dargestellt, die nur entschlüsselt werden müssen. Von großer Bedeutung ist aber das, was nun geschieht. Aiolos verweigert eine zweite Hilfe denen, die sich an nichts halten, nicht fähig sind, Spannungen auszuhalten, abzuwarten und sich wie Kinder gebärden. Er schickt sie hinaus aufs Meer in dem Wissen, daß hier nicht weichliche Hilfsmaßnahmen und falsch verstandene Güte etwas bewirken. Aiolos weiß, daß nur ernste und nachhaltige Erfahrungen helfen. Darum verjagt er sie mitleidslos von seiner Insel, wohl wissend, daß sie nun von den Stürmen gebeutelt und bedroht werden und sich im Kampf um ihr Dasein bewähren und reifen müssen. Es ist immer so, wer die großen Ordnungen des Seienden und des Seins nicht einhält, kann daran erkranken und zugrunde gehen oder er muß lernen und wachsen.

Die andere Ebene des Schuldigwerdens ist mehr durch den Menschen uns zugefügt und vom Menschen bestimmt. Wie sehr wir auch durch Gewissensbisse geplagt sein, erkranken können und in manchen Fällen bis zum Selbstmord und zur Vernichtung durch Selbstbestrafung getrieben werden, zeigt die Bedeutung und das Gewicht des Schuldgefühls. Weil wir a priori im Grundmuster unseres Menschseins im sozialen Bezug leben und nur so existieren können, ist das Schuldigwerden und auch der Schuldspruch durch die anderen von dämonischem Ausmaß und größte Entwertung. Schuldgefühle als Stellungnahme zu uns selbst im Sinne einer Verurteilung kennt jeder Mensch. In Freuds Modell vom Über-Ich, das zu dem vom Ich zugelassenen Verhalten und Handeln Stellung nehmen kann, finden wir unser Gewissen untergebracht, jenes Regulativ, das eine intrapsychische Instanz ist, die eine wichtige Funktion in der Sozialisierung bedeutet. Man spricht in der analytischen Psychologie von den introjizierten Eltern-Imagines, die in uns als Eltern-Ich, wie es auch formuliert wurde, wirksam sind. Wo ein strenges Über-Ich tyrannisiert, wo das Eltern-Ich dominiert, kann sich ein Ich-Selbst schwieriger entfalten und es ist dann notwendig, den Weg zum eigenen Bewerten und Entscheiden erst zu suchen. „Ich weiß immer, was ich nach den Maßstäben meiner Eltern tun müsste, dies ist immer meine erste innere Reaktion. Ich weiß jedoch auch, daß diese Normen und meine Wertskala nicht in jedem Fall, sondern nur teilweise miteinander übereinstimmen. Seit einiger Zeit bin ich dabei, dies zu unterscheiden zu lernen und hoffe, dadurch mehr zu mir selbst zu finden. Erst fühlte ich mich in diesem Distanzieren und Abklären nicht ganz wohl. Aber dies habe ich nun durchgestanden. Ich erlebe jetzt große Befriedigung, wenn ich weiß, was ich selbst für richtig und was ich für unwichtig oder falsch halte. Immer mehr wird mir auch klar, daß der Wandel zwischen den Generationen und Veränderungen im Zeitgeschehen auch Wandel in den Menschen auslösen." Diese Äußerungen einer fast dreißigjährigen Analysandin drücken den Prozeß des Unterscheidenlernens klar aus. Erst über solche Entwicklung zum eigenen Werten entwickeln sich für uns selbst gültige Maßstäbe. In der Ablösung von den aus der Kindheit geprägten Normwerten und Wertskalen vollzieht sich keineswegs eine Entwicklung zur Gewissenlosigkeit oder zum Unverbindlichen. Erwachsenwerden ist immer mehr als puberales Verhalten, das sich vorwiegend im Neinsagen, Anderssein *wollen*, im oppositionellen Verweilen kundtut. Wer darüber hinauswächst, sucht nicht das Leben nach Lust und Laune, vielmehr werden auf dem Weg zu uns selbst eigene Entscheidungen und persönliche Wertfindungen abverlangt. Erst mit diesen Fähigkeiten sind wir in der Lage, unser Leben bewußter zu gestalten. Das bedeutet, daß wir uns nicht von andern zwingen, beherrschen, ausnützen, mißbrauchen, demütigen und vor allem nicht blind in Schuldgefühle treiben lassen. Es gibt viele, die über Vorhaltungen und Vorwürfe von andern schuldig gesprochen werden, wo keine Schuld vorliegt, lediglich eine andere Entscheidung, als dies vom andern erwartet wurde. Das suggerierte schlechte Gewissen wird oft als Erpressung angewandt. Dies geschieht über einzelne Personen, ebenso aber auch durch Institutionen und Gruppen. Das leichtfertige und gefährliche Spiel mit dem schlechten Gewissen und der Erzeugung von Schuldgefühlen war immer sehr beliebt. Wer sich Vorwürfen und Schuldzuweisungen nicht stellen kann, das Unterscheiden von den Maßstäben des andern und seinen eigenen Stellungnahmen noch nicht gelernt hat, wird leicht zum Spielball der andern. Die introjizierten Schuldsprüche müssen dabei nicht unbedingt ausgesprochen worden sein. Sofern ich unter der Fremdbestimmung stehe, läuft dies intrapsychisch ganz von alleine ab. „Wenn mein Chef schlechte Laune hatte, überlegte ich immer, was ich wohl falsch gemacht habe. Sofern meine Kollegin nicht gesprächig war, glaubte ich, mich um sie bemühen zu müssen, weil ich wohl nicht genug auf sie eingegangen sein könnte. Wenn mein Partner mir Vorwürfe machte, warum das Frühstück noch nicht gerichtet sei, kam ich früher nie auf den Gedanken, ihm zu antworten, daß er dazu viel mehr Zeit hat als ich und er selbst die Zeitung später lesen soll, und nicht wenn das zu tun ist, was der Tag fordert. Ich ließ mich für alles zuständig sprechen und fühlte mich unglückseliger Weise dann auch für alles verantwortlich…" Diese Haltung wurde durch die Umgebung weidlich ausgenützt. Wenn es in solchem Maße an Eigenständigkeit, an Abgrenzung und Selbstwehr mangelt, wird dies von den Draufstehernaturen geradezu als Provokation erlebt. Solche allzu Hilfsbereiten nicht zum eigenen Nutzen zu mißbrauchen, erfordert ein gewisses Maß an bewußter Menschlichkeit oder Liebesfähigkeit, das vielen mangelt.

Wer sich allzu leicht mit Schuld belasten läßt, wird für sich selbst und als Folge mit der Zeit auch für die andern problematisch. Der Umgang mit dem Gefühl, etwas nicht gut gemacht zu haben, erfordert Unterscheidungsfähigkeit. Neben denen, die sich durch irreale Schuldgefühle zum Sündenbock für alles machen lassen, gibt es auch die Gegenspieler, die sich aller Verantwortung entziehen, indem sie den andern für zuständig erklären und darüber hinaus ihm noch Schuldgefühle suggerieren. Im allgemeinen kann man sagen, daß in solchem Vorgehen das verdrängte eigene Schuldgefühl an der Sache auf den andern projiziert wird. Man kann Schuldgefühle delegieren. Manche sind darin virtuos. Sie suchen immer Partner, die in geringer Wehrfähigkeit und reduzierter Selbstbehauptung sich dazu besonders eignen. „Du willst mir Schuldgefühle machen, weil Du meinst, daß ich mich nicht genug um Dich kümmere …" In Wirklichkeit waren vom andern keine Vorwürfe aktuell, vielmehr stammte aus dem eigenen Innern das verdrängte Gefühl einer begründeten Beunruhigung. Das eigene Stellungnehmen meldete sich projektiv und wurde dem andern zur Last gelegt. Die Stellungnahme zu sich selbst wird oft verweigert und nach außen verlegt. Es gibt berechtigte Schuldgefühle, die von außen und auch solche, die vom eigenen Innern stammen. Sie von unberechtigten Schuldzuweisungen unterscheiden zu lernen, ist ein wichtiger und zuweilen mühsamer Prozeß auf dem Weg zu sich selbst.

In der Lebensgeschichte von denen, die den schwarzen Peter immer dem andern unterzujubeln versuchen, sind die Abwehrmechanismen der Projektion und Introjektion im Gang. Es existierte ein Vorbild, das mit solchen Verhaltensweisen viele Situationen manipulierte. Kinder erfassen früh, daß man damit allem Anschein nach besser wegkommt als derjenige ohne solche Abwehr und Delegation an die andern, die oft die Unterdrückten sind. Dann wird dieses Verhalten introjiziert und damit als Reaktionsweise übernommen. Die Projektion auf die andern läuft dann automatisch ab. „Meine Schwester hat sich mit meinem Vater identifiziert, weil er in seiner Selbstherrlichkeit immer oben war und – wenn auch zum Schein, – Recht hatte. Sie ist heute genauso in ihrem Verhalten und es ist eine erschütternde Wiederholung. Ich habe mich mit meiner leidvollen unterdrückten Mutter identisch erlebt und krankte lange daran, mich von andern unterdrücken zu lassen. Ohne bewußtes Erleben mit Hirn und Herz kommt man aus solchem Verhängnis nicht heraus …"

Wenn Schuldbedrückung zur Last wird oder gar auf den Weg zur Krankheit führt, weil ein zu hohes Maß der Spannung erreicht ist, wird der Selbstwert so stark vermindert, daß auch Bestrafungsängste und Bestrafungsbedürfnisse auftreten. Herr N. D. fiel eines Tages selbst auf, daß er sich häufig anstieß, verletzte, kleinen Mißgeschicken ausgeliefert war. Über die Aufdeckung seiner Schuldgefühle wurde er sich über eine verborgene Selbstbestrafung, die z. T. schon an Unfallgefährdung grenzte, bewußt. Er fühlte sich als Versager und Enttäuscher seiner Familie, die von ihm vieles, eben zuviel erwartete. Eine Oppositionshaltung in ihm verweigerte zwar solche Wunscherfüllungen der andern auf Kosten seines eigenen Daseins, doch blieb er an seinem Kindheitsgewissen festgebunden, das Eltern-Ich ließ ihm keine Ruhe.

Viele werden krank, wenn sie im Wertbereich durch sich selbst oder durch andere und deren introjizierte Normen und Werte in Frage gestellt werden. Herr N. D. von dem gerade die Rede ist, war nicht bereit, die langweiligen Geburtstagsfeiern in der Familie mitzumachen, Sonntags mit guter Sonntagsrobe aufzutreten, jede Woche mit zu Hause zu telefonieren, weil dies gewünscht wurde. Er kam nie dazu, eigene echte Bedürfnisse der Familienkontaktaufnahme zu entwickeln, weil dies die Forderungen der andern gar nicht zuließen. So war es von kleinauf gelaufen. Vom Bewußtsein her, stand er zu sich, wußte er klar, daß seine Haltung und sein Tun in Ordnung sind. Er war jedoch an sein Eltern-Ich, die introjizierten Eltern-Normen, unbewußt so sehr gebunden, daß er sich für seine bewußt bejahten Abweichungen doch schuldig fühlen mußte und dafür auch bestrafte. Es taucht die Frage auf, wie solche extreme Über-Ich Funktionen und damit Verurteilung durch die eigene Seele sich entwickeln können. Hierfür gibt es verschiedene Erklärungsversuche. Wer Eltern mit tyrannisierendem Über-Ich hatte, wurde auch in diesem Sinne erzogen und erlebte bei allem und jedem Geschehen Bewertung und Schuldsuche. Die im eigenen Innern zu meist unbewußter Über-Ich-Tyrannei neigen, suchen bei jeder Gelegenheit nach einem Schuldigen. Dies ist bei manchen ein Zwang, sich vor den eigenen Abwertungen und Schuldsprüchen zu retten. Manche Egozentriker entwickeln dabei virtuose Fähigkeiten. Wenn im Berufssektor, in der Familie etwas schief gegangen, kaputt geworden ist, läßt sich an der Reaktion hierauf über das soziale Verhalten viel ablesen. Manche schaffen im Berufsbereich oder vor andern sich korrekt zu benehmen, jedoch nicht, wenn sie unter ihren Nächsten, den eigenen sind. Die Kochplatte am Herd war nicht ganz abgedreht und hatte lange geglüht. Dies könnte zur Brandgefahr werden, wäre jedoch auch schon lästig, wenn die Kochplatte dadurch in ihrer Funktion gestört wird. Wenn dies mitgeteilt wird mit dem sachlichen Hinweis auf diese Gefahren verbunden mit der Bitte an alle, hier sorgfältig zu sein, bleibt die Stellungnahme sachbezogen und hilfreich. Wird jedoch zunächst kriminologisch nachgeforscht, wer zuletzt in der Küche am Herd tätig war, um den bloßzustellen, der vermutlich der Verursacher des Versehens war, drückt dies viel über die Beziehung zueinander und das Miteinandersein aus. Wer selbst unter Schuldzuweisung groß geworden ist, hat auch den ewigen Zweifel am eigenen Wert durch die andern erlebt, kennt die Blamage der Schuldigsprechung durch sie und erlebt die damit verbundene Abwertung meist sehr unangenehm. Wenn er in einer solchen Gruppe aufgewachsen ist, hat er auch Ausreden zu finden gelernt, kennt er Sündenbocksuche, die schon anfängt, wenn Vater beim Mittagsschlaf nicht gut geschlafen hat. Irgendeiner ist immer schuld und jeder muß schauen, wie er am wenigsten Federn läßt. In solchem Zusammenleben ist es keine Frage, daß die Über-Ich-Funktion in hohem Maße angesprochen und sensibilisiert wird. Aus der Psychologie der Werte heraus, ist hinter all dem jedoch der tiefere Kern zu suchen. Kinder, die von der Mutter und vom Vater in genügendem Maße bejaht, im Wertbereich erlebt wurden und damit auch den eigenen, den Selbstwert erfahren durften, sind weniger gefährdet durch Tyranneien aller Art. Solche Kinder ahnen auch bei Übertreibungen, Demütigungen und Schuldigsprechen von Erwachsenen, daß hier überzogene Reaktionen vorliegen, weil sie in sich selbst weniger labil und für Fremdeinflüsse anfällig sind. Die Spiegelung durch die Mutter und den Vater ist für alles Nachfolgende von hohem Rang. Darunter verstehen wir das Spiegel-Erlebnis in den ersten Beziehungspersonen, das für den Säugling so wichtig ist, der noch kein Bewußtsein von sich selbst besitzt und über sich selbst zunächst nur das erfahren kann, was die ersten innigen Beziehungen als Spiegelung ermöglichen. Wir können darum sagen, daß die Über-Ich-Fanatiker zu wenig Spiegelerlebnisse hatten und darum später durch zuviel Anpassung an die von außen gesetzten und verinnerlichten Normen sich Selbstwert aufzubauen versuchen. „Warum schimpft der Opa? ... Ich war doch nicht laut ..." Solche Äußerung eines Kindes drückt aus, in welchem Maße es sich selbst verleugnet oder wehrt und über die Rechtmacherei zu bestehen versucht. Frau L. B. berichtete, daß sie schon sehr früh erkannte, wie merkwürdig und unbeherrscht sich ihr Vater zuweilen verhielt. Wenn er sie maßlos bestrafte, verkroch sie sich hinter den großen Holzscheiten in einem Schuppen und sprach mit Gott darüber, wie er diesem ungezügelten, von Extremen beherrschten Vater wohl im Jenseits verzeihen könnte und bat um Gottes Nachsicht. In ihr war durch die gute Spiegelung einer wertvermittelnden Mutter die vitale Kraft zu gesundem Selbstvertrauen und selbständiger Beurteilung des Gegebenen in jungen Jahren schon entwickelt worden, obwohl dieser Vater Demütigung und Ungerechtigkeit, Machtmißbrauch und psychischen Sadismus sie an Leib und Seele erleben ließ. Entsprechende Narben blieben ihr zweifellos. Sie hatte dies alles jedoch mit Hilfe von Werterfahrungen so aufzuarbeiten und integrieren gelernt, daß sie zwar die hohe Sensibilität für Spannungen, Störungen und Wertunterschiede entwickelte als Ergebnis davon, viel erlebt und erlitten zu haben. Doch mündete dies bei ihr mit ihrer Wertbasis nicht in Empfindlichkeit, Erregbarkeit, Neigung zu Schuldgefühlen und den Kompensationsbedürfnissen, wie sie im allgemeinen bei denen zu finden sind, die geplagt wurden und zu wenig Werterlebnisse hatten.

Frau S. E. war als Erstgeborene mit allzuviel Korrektur bedacht worden. Der von den erziehungseifrigen Eltern aufgebrachte Aufwand, ein Musterkind zu züchten, führte dazu, daß dieses Kind von kleinauf außerordentlich bedacht sein mußte, die Anerkennung der Eltern zu erhalten. Um sie zufrieden zu stellen und dadurch entsprechende Zuneigung und Wertbeweise zu erringen, mußte sie ein Übermaß an Verzicht an Kindgemäßem, d. h. ihrer Entwicklungsstufe jeweils gemäßen Bedürfnissen, Wünschen und Verhaltensweisen leisten. Als ihr kleiner Bruder geboren wurde, erlebte sie mit Verwunderung, daß von ihm weitaus weniger abverlangt, er nicht wie sie zum artigen Kind dressiert wurde. Er erhielt ohne Gegenleistung Anerkennung. Diesen seelisch undifferenzierten Eltern war ein Junge ohnedies mehr wert. Ihren Vorstellungen nach müssen Jungen in Richtung Anpassung, Einordnung und Verzicht weniger trainiert werden. Außerdem hatte sich ihr Bedürfnis nach Erziehungsgebaren, Machthabe, Überlegenheitsgenüsse an dem ersten Kind schon reichlich befriedigt. Frau S. E. bekam nach erfolgreichem Studium gerade in dem Augenblick eine Zwangsneurose, als sie in ihrer jungen Ehe durch den Ehemann und die Schwiegermutter ebenso wie in ihrer Kindheit dazu gezwungen wurde, sich selbst zurückzustellen und die Erwartungen vom Partner und seiner Mutter zu erfüllen. Wieder ging es um ein allzu großes Maß an Einengung ihres persönlichen Lebens, das ihr abverlangt wurde. Zunehmend wurde sie nun von Zwängen geplagt, die immer mehr zur Last wurden. Diesem intelligenten Menschen war auch unzweifelhaft bewußt, daß die Zwangshandlungen etwas Krankhaftes und nicht nur eine Marotte waren. Ihre Zwang auslösende Angst war, jemanden durch Unachtsamkeit durch irgendein Versehen in Gefahr zu bringen oder gar zu töten. Sie konnte nichts mehr wegwerfen, denn es könnten ja Nadeln, Glassplitter oder sonst gefährliche Dinge jemanden verletzten. Sie war mit immer mehr zeitlich sich ausdehnenden Kontrollen beschäftigt. Auch die Kleidung ihres Mannes, ihrer Kinder mußten alle täglich in aller Früh abgetastet und genaustens untersucht werden. Kein Mensch konnte dies verstehen, die Patientin selbst auch nicht, jedoch waren die Zwänge weitaus mächtiger und eben zwingender als ihr Verstand. In der analytischen Arbeit stellte sich heraus, daß dieser von ständigen Unterdrückungen und Einschränkungen geplagte Mensch gegenüber den Eltern und auch gegenüber dem Bruder heftige Schuldgefühle hatte, die nun immer mehr generalisiert und auf Ersatzobjekte ausgedehnt wurden. In ihrem qualvollen Kinderdasein hatte sie ganz fern von bewußtem Wollen und Wünschen sich in unbewußten Phantasien die Eltern oder den Bruder fortgewünscht. Sie phantasierte sich als das Kind einer anderen Familie, malte sich aus, die Eltern wären schwer krank und im Krankenhaus oder der Bruder bei einem Unfall ums Leben gekommen. Die Traurigkeit solcher Phantasien führte auch dazu, daß sie oft bei solchen Wachträumen heftig weinen mußte. Hinter all dem standen unbewußt die Fortwünsche, Hoffnungen auf Befreiung von denen, die ihr Leben zur Qual machten. Der gesunde Anteil der vitalen Selbstbehauptung setzt solche Balanceversuche in Gang. Die Psychoanalyse spricht von den Todeswünschen, die sehr viele Menschen als

Befreiungsphantasie immer dann erfahren, wenn jene Grenze erreicht wird, bei der Schädigungen auftreten und das Maß an normaler Verarbeitungsmöglichkeit überschreiten. Es ist eine biologisch sinnvolle, vitale Reaktion, die wir voll bejahen müssen. Als Frau S. E. acht Jahre alt war, kam ihr Vater wegen einer Blinddarmoperation ins Krankenhaus. Sie war darüber äußerst aufgewühlt, denn sie glaubte in irgendeinem Zusammenhang daran schuldig zu sein. Nachts verbrachte sie Stunden weinend in ihrem Kinderbett und murmelte immer vor sich hin „Ich will nicht, daß er stirbt ... ich will nicht, daß er stirbt ..." Sie wollte auch tatsächlich nicht, daß er sterben muß und hätte in der Realität auch nichts unternommen, dies zu fördern. Daß ein Ich-ferner Teil in ihr ganz wider ihr Wollen und Denken jedoch Befreiung suchte von dem ihr Leben bestimmenden und entwertenden Vater, müssen wir nicht nur verstehen, sondern echt bejahen. Im Grunde wird nicht der Vater, vielmehr sein quälender Teil fortgewünscht. Frau S. E. hatte diese Ereignisse bald wieder vergessen, nachdem der Vater zurückgekehrt und der Alltag weiter ablief wie immer. Schuldgefühle, die mit dem Ereignis in Zusammenhang standen, wurden verdrängt und ebenfalls nicht mehr erinnert, bis sich in der analytischen Arbeit diese Zusammenhänge meldeten.

Das bekümmerte Kind der Entwicklungsstufe mit dem magischen Weltbild erlebte sich wie als Kleinkind ohnmächtig allem ausgeliefert und war voll Angst, dabei Mitwirker zu sein und Schuld und Strafe dafür auf sich nehmen zu müssen. Kinder mit starkem Selbstwerterleben, die auch die kleinkindliche Grandiosität ausleben durften, fühlen sich nicht so leicht der Ohnmacht und dem Nichtswertsein ausgeliefert. Solche Kinder entwickeln Gegenzauber, magische Handlungen und später auch bewußtseinsgesteuertes Handeln. Wieviel auch im Erwachsenen noch aus der magischen Entwicklungsstufe erhalten ist, läßt sich daran ablesen, wie leicht wir in solches Fühlen und damit verbundenes Verhalten geraten, wenn wir etwas gegenüber stehen, was rational nicht einzuordnen und zu überschauen ist. Hiermit erklärt sich auch die große Scheu, über einen Verstorbenen kritisch und nüchtern zu sprechen, etwas Ungutes über ihn und sein Leben auszusagen. Dies wird nicht nur von dem so empfunden, der sich in negativer Weise äußern möchte, sondern auch von denen, die als Zuhörer beteiligt sind. Unsere Selbstsicherheit, unser Eigenmachtgefühl wird den Toten gegenüber recht klein, weil wir über deren Verbleib und Macht nichts Gültiges wissen. Im Allgemeinen sind wir uns nicht bewußt, wie leicht magische Zusammenhänge in uns aktualisiert werden können.

Frau S. E. ihre Fort- oder Todeswünsche gegenüber ihren Peinigern zu erklären und damit die Zusammenhänge ihrer Zwänge psychologisch aufzuzeigen, würde zunächst die Gefahr der Verschlimmerung und des Behandlungsabbruchs bringen, ganz einfach aus der Angst vor der bewußten Konfrontation mit dem Teil der eigenen Seele, den man fürchtet und dem Diabolischen zuordnet. Um sich selbst in der Notwehr und den Todeswünschen verstehen zu lernen, geht der Weg über die Suche nach dem eigenen Ich-Selbst, das kaum existiert und stets unterdrückt werden mußte. Erst wenn ein Ich-Selbst sich findet, kann ein Sich-Selbst-Verstehen vollzogen werden. Auch die eigene Be-Wertung setzt diesen Entwicklungsschritt voraus. Die Angst vor Schuldigsein, Bestrafung und Verurteilung versuchte die Patientin durch den Zwang äußerster Kontrolle und das Unmöglichmachen einer unkontrollierten oder auch unbewußten Handlung zu verringern. Erst als sie aus echtem Mitgefühl für das einstige kleine Mädchen dessen Phantasie- und Wunschwelt verstehen konnte, ohne es verurteilen zu müssen, waren ihre Zwangshandlungen und der damit verbundene magische Aufwand nicht mehr notwendig. Um den leidenden Teil in uns annehmen, tröstend bei der Hand fassen und ihm Hilfeleistung geben zu können, müssen wir ein Minimum an Selbstwert und Selbstvertrauen aufgebaut haben. Bei Frau S. E. vollzog sich dies in der psychoanalytischen Therapie. Der Therapeut geht den Weg zum Ich-Selbst und zum Selbstverstehen in kleinen Schritten voran und zeigt den Weg. Die Auslösung der unbewußten, aus der Kindheit stammenden Schuldgefühle wurden durch die Aktualsituation mit Ehemann und Schwiegermutter vollzogen. Zu wenig Selbstwert und zuviel Niederlagenerlebnisse ließen keine konstruktive Auseinandersetzung zu. Frau S. E. kämpfte mit ihrer Erkrankung dagegen, sich nun wieder auf die Seite derer stellen zu lassen, die nicht genügen, sich erneut den Forderungen anderer zu unterstellen. Sie konnte keine andere Form um ihre Erlösung aus der Fremdbestimmung und keinen anderen Kampf der Befreiung zum eigenen Ich-Selbst wählen. Auf der Seite der Entwerteten und im eigenen Innern mit vermeintlich Destruktivem konnte sie auf die Dauer nicht leben. Daß die vorangehenden Therapieversuche mit Medikamenten, die verhaltenstherapeutischen Übungen als Gegengewicht zu den Zwängen oder auch die Versuche einer Gesprächstherapie ohne diese aufdeckenden Prozesse und die Nachentwicklung der Persönlichkeit keine Heilung bringen konnten, erklärt sich aus den die Existenz der Patientin berührenden Zusammenhängen.

Schuldgefühle bedürfen der Abklärung. Frau C. N. war schwer depressiv und fühlte sich am Tod ihrer Mutter schuldig. Diese hatte ihre Tochter viele Jahre so sehr an sich gebunden, daß jeder von der Mutter nicht genehmigte Schritt, jegliche Form von Eigenleben in der Tochter auch noch mit dreißig Jahren Schuldgefühle auslöste. Zeitenweise hatte sich das zwingende Verhalten der Mutter so sehr gesteigert, daß sie immer dann Herzattacken bekam, wenn sie wußte, daß C. N. am Abend sich mit einem guten Bekannten treffen und mit ihm ausgehen wollte. Der hinzugezogene Hausarzt redete unglückseligerweise auch noch auf C. N. ein, indem er sie auf das labile Herz und auch auf die damit verbundene Gefahr bei dieser Sechzigjährigen hinwies. Er wußte nicht, daß die Auslösung der akuten Störungen fast immer nur dann auftraten, wenn etwas nicht nach den Wünschen der Mutter verlief. Sie entwickelte damit eine Tyrannei und versuchte auf diese Weise ihre Tochter und deren Leben zu bestimmen. Durch List und Tücke, auch durch manche Lüge konnte schließlich erreicht werden, daß C. N. ohne stets den Tod der Mutter und Schuldgefühle befürchten zu müssen, eine Beziehung zum späteren Ehemann, Herrn N. entwickelte. Die Mutter zog zur Tochter mit in dasselbe Haus und setzte dort ihre tyrannisierenden Verhaltensweisen fort. Dies ging soweit, daß die Sechzigjährige dabei ganz gut gedieh, die Tochter jedoch nun selbst psychosomatische Symptome bekam und auch die Ehe unter schweren Belastungen schwierig wurde. Jede Abgrenzung und jeder Versuch, Nichteinmischung und normale Distanz zu erreichen, endeten mit massiven Herzattacken der Mutter und schweren Schuldgefühlen von seiten der Tochter. Die Mutter fühlte sich in ihrem Anspruch bestätigt, nachdem sie auch finanziell den Hausbau ermöglicht hatte, was wiederum bei der Tochter zu vermehrten Schuldgefühlen führte. Sie glaubte, für die Geldgabe der Mutter sich noch mehr dankbar erweisen zu müssen. Es ist erstaunlich, wieviele Menschen sich durch die Annahme von materiellen Geschenken im Kleinen wie auch im Großen als käuflich erweisen. Hier besteht die Vorstellung, aus Dankbarkeit für materielle Gaben, sich allen Wünschen und Forderungen der andern unterwerfen zu müssen, als ob der Schenkende sich dadurch die Seelen der Beschenkten als Besitz einhandeln könnte. Auch hier zeigt sich, daß man ein eigenes Ich-Selbst vertreten können muß, wenn man sich mit andern einläßt, und sei es nur in Form von Geschenken. Für den andern da zu sein in Not und schwierigen Phasen, ihm ein gewisses Maß an Zeit, Zuwendung und natürlich auch an innerer Anteilnahme zu schenken, ist eine menschliche Aufgabe, aber nicht eine Gegengabe für Geschenke. Abzulehnen ist nur dann, wenn der Schenkende erwartet, dafür Einfluß auf den andern und sein Leben nehmen zu können oder auch wenn der Beschenkte meint, nun nicht mehr sein eigenes Leben ohne die Einmischung des Schenkenden und mit der notwendigen Abgrenzung vollziehen zu dürfen. Bei solchem Problemverhalten ist auf beiden Seiten kein intaktes Selbstwertgefühl vorhanden. Der eine möchte über den andern Werterhöhung und Einfluß durch seine Geschenke erreichen oder gar erzwingen. Der andere fürchtet um sein schwaches Ich-Selbst und traut sich nicht zu, dankbar anzunehmen, ohne in den Bann der Umstände und in unbewußte Tauschgeschäfte zu geraten. Frau C. N. war nicht soweit zur Abgrenzung und damit zum eigenen Zu-Sich-Stehen gekommen, denn die von der Mutter bisweilen bewußt am Rande geäußerten Aussprüche wie „Es ist halt besser, wenn man nicht alt wird ..." klangen der Tochter, die immer von der Mutter dominiert und in moralischen Fesseln gehalten worden war, lange in den Ohren. Sie fürchtete auch die Herzattacken der inzwischen Siebzigjährigen, die jedoch immer ganz zielgerichtet und manipulativ eingesetzt wurden. Sie starb auch nicht an den schuld-gefühlauslösenden Herzsensationen. Wäre sie jedoch tatsächlich daran gestorben, z..B. wenn die Tochter mit ihrem Mann und den Kindern einmal zu Freunden ohne die Großmutter wegfahren wollten, so wäre C. N. doch freizusprechen davon, durch die ausgelösten Herzreaktionen am Tod der Mutter schuldig zu sein. In solchem Falle wäre sie an ihren eigenen Manipulationen, an ihrem gefährlich weit getriebenen Machtstreben zugrunde gegangen. Sie wollte sich Liebe und Zuwendung erzwingen und erreichte das Gegenteil, so daß sie als destruktiv und besitzergreifend abgelehnt wurde.

Frau C. N. konnte nicht einfach durch rationale Erklärungen und ein abklärendes Gespräch mit dem Therapeuten sich von ihren Ängsten lösen. Es war zur Stabilisierung und um spätere Krisen, mögliche Wiederholungen von Ängsten und Schuldzuweisungen zu heilen, eine nachträgliche Ablösung von der Mutter der entscheidende Schritt. Parallel hierzu war zu einem positiv erlebten, eigenen Ich-Selbst hinzufinden und mit ihm leben zu lernen notwendig. Trotz der Hilfe durch den Partner wurde erst in der Therapie realisiert, daß diese Mutter viel zu lange als Autorität angesehen wurde, was diese ja wollte. Von beiden wurde nicht wahrgenommen, daß die Tochter längst die Gereiftere war und die Führungs- und Abgrenzungsrolle hätte übernehmen müssen. Sie erkannte lange nicht das Infantile und Überkompensierende dieses gestörten Menschen. Allmachtsvorstellungen frühester Entwicklungsstufen wollten über den Einfluß auf sein Kind gepflegt und über den Besitz und die Verfügbarkeit des andern dargelebt werden. Solche Nichtbeachtung von Lebensgesetzen führte in die Destruktion. Als C. N. all dies mit Hilfe ihres Mannes immer mehr wahrnehmen konnte, war sie jedoch zu schwach und durch Schuldgläubigkeit gelähmt, so daß sie sich nicht aus der fatalen Situation mit dieser Mutter zu lösen vermochte. Schuldig geworden war C. N. ihrem eigenen Leben gegenüber.

Doch die durch ihre Mutter inszenierten Schuldgefühle waren Ergebnisse einer neurotischen Entwicklung und hatten keinerlei Schuldgrundlage.

Wenn Schuldgefühle von außen oder auch aus dem eigenen Innern bedrängend werden, ist eine Abklärung notwendig und hilfreich. Oft zeigen Träume, daß der Träumer durch Vergehen aus der Kindheit, die nie abgeklärt und vor allem in ihren Zusammenhängen nicht aufgeklärt und auch nicht zur Wiedergutmachung gebracht wurden, sich unbewußt noch schlecht und bestrafungswürdig findet. C. F. kratzte sich häufig im Gesicht, bis er blutete. Dahinter stand sein schlechtes Gewissen gegenüber seinen Brüdern und Eltern, die er des öfteren heimlich hintergangen und sich dadurch Vorteile ermogelt hatte. Die Angst vor einem Eingeständnis war größer als der Mut für eine Beichte und Wiedergutmachung. Damit wurde das Unfruchtbare seiner Handlungen ewig fortgesetzt, indem es ihn und die Beziehung zu den andern belastete. Die gefürchtete Abwertung durch die andern wollte er durch sein Verschweigen umgehen. Die intrapsychisch vollzogene eigene Abwertung durch unbewußten, überzogenen Schuldspruch durch sein Über-Ich war jedoch viel nachhaltiger.

Es gibt auch echtes Schuldigsein. Durch welche Umstände wir ins Unrecht geraten sind, ist zwar oft verständlich, aber damit nicht wegzuwischen. Hier gibt es auch kein Freisprechen durch die andern, auch nicht durch einen Therapeuten. Jedes billige Vertrösten ist nur schädlich. Hier geht es darum, alle Zusammenhänge und den Ablauf des Geschehens zu erarbeiten und dann sich der Schuld zu stellen. Das heißt das, was geschehen ist und was wir bedauern, bedarf unserer Zuwendung durch ein leidvolles Vertrauern. Echtes Leiden bewirkt etwas in uns und wir werden dann zur Wiedergutmachung und zu Ausgleichshandlungen fähig. Solches Abtragen von Schuldgefühlen im Handeln, das Gegengewicht der aufbauenden Tat, kann zwar nicht immer an dem sich vollziehen, der von unserer Schuld betroffen war. Es gibt jedoch dennoch ein Bemühen um Ausgleich und zählt darum. Es gibt immer sinnvolle Wege, über die eigene Schuld hinauszuwachsen durch entsprechendes Tun. Oft gelingt es, über das Erlebnis des Versagthabens zu neuen Impulsen und Erkenntnissen zu gelangen, die uns in neue Wertbereiche führen. Es gibt keine Schuld, die nicht zu Sinngeschehen führen könnte.

In der analytischen Psychotherapie wird oft deutlich, daß Symptome und Krankheit als Wehr gegen sinnloses, unfruchtbares und wertloses Dasein sich manifestieren. Mit diesem positiven Krankheitsaspekt verbunden ist oft auch etwas, was wir die Schuld an den Versäumnissen gegenüber dem eigenen Leben, der eigenen Entwicklung nennen können, also Schuld im Sinne der Verantwortlichkeit gegenüber sich selbst. In solchem Erkennen von Schuldigsein kann sich die Kraft und der Aufbruch zu einem ganz neuen Beginnen anzeigen.

Sinn- und Werterleben
als kreatives Geschehen

Wir entwickeln Widerstand dagegen, wenn die Psychologie, und speziell die psychoanalytische Theorie über die Abläufe und Erscheinungen bei Gestörten und Kranken Aussagen ableitet über psychische Zusammenhänge bei Gesunden. Mit Recht hat man den Psychoanalytikern vorgeworfen, daß sie nur davon reden, was gesunde Entwicklung behindert und wie Fehlentwicklungen zustandekommen, jedoch nicht von dem, wie z. B. eine Pädagogik und ein Milieu zu sein hat, um gesunde Entfaltung zu ermöglichen und zum Gesunden hinzuführen. Zweifellos ist Skepsis angebracht, wenn der Kranke die Maßstäbe liefert zur Lebensbewältigung. Dann kommen solche Ergebnisse zustande, daß Eltern ihren Kindern keine Grenzen zu setzen mehr wagen, weil sie fürchten, sie dadurch in ihren Entfaltungschancen zu stören. Aus fehlverstandenen analytischen Theorien entwickelten sich auf vielen Gebieten Enthemmungen, die im selben Maße zur Behinderung wurden wie die massive Hemmung. Die entscheidende Strukturierung einer Persönlichkeit ist ein solch komplexes Geschehen, daß es nicht einfach durch Kehrtwendungen zu vollziehen ist. Der schöpferische Prozeß zum gesunden Menschen zu werden, vollzieht sich nicht im Handumdrehen. Allzu unkomplizierte Schlüsse, die von der Psychologie der Kranken abgeleitet wurden, schufen neue Fehlentwicklungen.

Der Unterschied zum schwer Gestörten ist nicht nur eine Frage der Quantität oder Intensität, vielmehr geht es im Krankheitsprozeß auch um qualitative Unterscheidungen. Eine ausgeprägte Depression ist sehr verschieden von dem, was jeder kennt, nämlich vorübergehende depressiv getönte Verstimmungen. Noch viel weniger einzufühlen ist das Verhalten aus dem schizophrenen Krankheitsbereich, wenn der Kranke überschwemmt wird von Einbrüchen aus seinem Unbewußten und darum unserem Erfahrungsbereich entfremdet wurde. Wer die Traumwelt des Menschen kennt und die darin sich gestaltende Symbolsprache, dem entschlüsselt sich vieles aus dem Unverständlichen solcher Einbrüche aus unbewußten seelischen Bereichen, die steuernde Ich-Funktionen hinwegfegen. „Heute kommt meine Mutter, heute habe ich grüne Augen …" In Wirklichkeit hatte die Patientin einer geschlossenen Abteilung braune Augen. Sie drückte über ihre ver-rückte Sprache durchaus klar aus, was für sie von großer Bedeutung war, daß sie sich nämlich nicht mit sich selbst identisch erleben konnte, wenn die Mutter auftauchte, die immer allzuviel Anpassungsleistungen gefordert hatte, was schließlich zu einer Überangepaßtheit geführt hatte. Im Wirkbereich der Mutter veränderte sie das, was zu ihr gehörte. Dabei waren es speziell die Augen, mit denen man die Welt sieht. Diese junge Hebephrene durfte die Welt nicht mit ihren eigenen Augen wahrnehmen.

Auch hinter eruptiven Ausbrüchen steht eine Wirk-lichkeit, die nicht allein mit Psychopharmaka zu beantworten ist. Als eine Gruppenteilnehmerin, die sehr still und affektiv zurückhaltend war, der Gruppe berichtete, daß sie beim Ausbruch einer psychischen Erkrankung eines Tages plötzlich in ihrem Studentenzimmer mit sonst nie erlebter Kraft das gesamte Mobiliar zusammengeschlagen hat, war großes Erstaunen. Nachdem wir dann mehr um die Lebenssituation und seit langem im Verborgenen bestehende Not dieses jungen Menschen wußten, war es uns weniger schwierig, dieses Verhalten zu verstehen. Um dem Wunsch ihrer Eltern gerecht zu werden, hatte sie in der Übernahme des Elternwunsches zum eigenen Wunsch mühsam das Abitur erarbeitet, ebenso das erwünschte Studium begonnen, zu dem sie keinerlei eigenen Bezug hatte. Wenn man sie vor dem Ausbruch ihrer Erkrankung gefragt hätte, ob sie denn wirklich studieren wolle, hätte sie sicher dies bejaht. Denn sie hatte die ganzen Jahre kein eigenes Ich im Sinne von eigenem Wünschen und Wollen entwickelt. Damit war sie durch die Erwartungen der andern fremdgesteuert und ohne Eigenleben. In der Einsamkeit ihres Studentenzimmers und ihres totalen Unbefriedigtseins überkam sie eine vitale Wut über ihre verfehlte Lebensweise, gepaart mit der großen Angst, sich nicht in der Lage zu fühlen, sich aus der sich wohlwollend gebärdenden Führung durch die andern zu lösen. Es war die berechtigte Angst davor, ohne Einübung und Hilfe nichts eigenes wagen und suchen zu können. In dieser Verzweiflung vollzog sich ein Schub vitaler Wehr, ein Aufschrei darüber, daß sie ihr eigenes und ihr gemäßes Dasein nicht finden konnte. Sie hatte wie alle Kinder in ihrer Kindheit die Ideale ihrer Eltern übernommen. Die normalerweise regulierende Auseinandersetzung und Identitätssuche erfolgte jedoch nicht. Bei der Mehrzahl der Gruppenmitglieder löste diese eruptive Reaktion etwas wie Bewunderung aus. Einige äußerten ihre sonst verborgen gehaltenen und auch aus dem Bewußtsein verdrängten Wünsche, in sich auch das ausbrechen zu lassen, was an innerer Empörung und Verzweiflung war und noch keinen Weg zur Befreiung fand. Der im gesunden Bereich nicht geleistete Prozeß affektiver Wut und Entwicklung von Selbstschutz konnte sich nur im krankhaften Schub vollziehen, in dem das immer schwächer werdende Ich von immer mächtiger sich ansammelnden affektiven Impulsen überrannt wurde. In solcher das Bewußtsein und Kontrollfunktionen ausschaltender psychischer Dynamik vollziehen sich oft auch Kriminalität und Mord. Bei diesen extremen Äußerungen seelischer Impulse fällt es uns schwer zu erkennen, wie schmal der Grat ist zwischen dem noch Gesunden und dem als krank Bezeichneten ist. Viele Kriminelle, Mörder und Quäler großen Ausmaßes wurden vor ihren Auffälligkeiten häufig als still, zurückgezogen, kontaktarm und unauffällig geschildert. Die Erkenntnisse, die uns die Psychoanalyse brachte, daß auch im Gesunden verdünnt und abgeschwächt Impulse von Mördern und Kriminellen unbewußt und verdrängt potentiell vorhanden sind, brachte viel Empörung und Aufruhr in einer Welt, die sich im Vordergründigen darstellte und daran ihren Wert und den Selbstwert des einzelnen aufhängen wollte. Haltungen der Veräußerlichung gingen soweit, daß man im Duell sein Leben riskierte, wenn in oberflächlichen Belangen die „Ehre" verletzt wurde.

Von der Ehre wird heute nicht mehr viel gesprochen, weil sie in unerträglichen Verzerrungen und in Oberflächlichkeit infantil zelebriert wurde. Dabei ging das tiefere Anliegen verloren, nämlich in einer großen, sinnvollen, Leben schaffenden Ordnung zu stehen, strukturierende Kräfte in der Welt und in sich zu vertreten, kurzum in Wertgeborgenheit sich zu erleben. In diesen Zeiten blühte das posenhafte Heldentum, das in seiner Neigung zur Selbstherrlichkeit die komplementären Zusammenhänge von Wert und Unwert, Gut und Böse verleugnete. Die Heldenidentifikation war für die meisten berauschend und erhöhend. Positive Projektionen in ihrer idealisierenden Bedeutung spielten in allen Bereichen eine große Rolle. Man glaubte an die „heile Welt", die heute im Rückblick auf die damalige Zeit belächelt und bespöttelt wird. Was sich in den Zielsetzungen vieler aus unserer Zeit stammenden Bewegungen und Gruppen schon wieder an Suche nach idealisierter Welt eingenistet hat, wird dabei völlig übergangen. Die Vorstellungen von Verwirklichung von Idealen und Idealzuständen ist nur in die Zukunft verschoben, um die wieder einmal gekämpft werden muß. Hier entwickelt sich neuer Extremismus, entzündet sich wieder Fanatismus und es wird versäumt zu lernen, was für jeden einzelnen als erstes zu tun ist: Die Wirklichkeit zu bestehen, ihr sinnvoll zu antworten in unserem Handeln und unserem persönlichen Hier und Jetzt, genau da, wo wir stehen.

Neben diesen Prozessen, die zu neuer Flucht und Irrealität führen, wächst jedoch auch in unserer Gegenwart die Anzahl bewußter lebender Menschen. Bewußtsein und Aufgeklärtsein beanspruchen zwar die Ideen- und Zukunftsstürmer ebenfalls für sich. Es geht hier jedoch um die Annahme der Wirklichkeit des Menschen. Wer nicht um die Schattenproblematik weiß, die Dunkelseite in sich selbst nicht erkennt, weiß wenig vom Menschen und seinen Problemen und damit auch nichts von dem, wie Leben und Zukunft, wie Menschsein zu gestalten, und wie dem einzelnen zu helfen ist. Sofern vorwiegend auf materieller Ebene verwirklicht werden soll, erliegt man vielen Irrtümern. Der Wohlstand hat keine Befriedigung gebracht, vielmehr neue Problematik. Es spricht für viele Menschen der

Gegenwart, daß sie sich nicht in eine Oberflächlichkeit und Scheinwerte binden lassen wollen. Gutes Essen, Kleiderüberfluß und modisches Diktat, Ferien und Reisen, Wohlstand in allen Äußerlichkeiten und materiellen Bereichen bringen nicht das erwartete Glück, wie uns die Erfahrung des Wohlstandes auf breiter Ebene und das materielle Wohlergehen von vielen gelehrt hat. Die tiefere Unzufriedenheit, die im Mangel an Wertsein, an Werterlebnissen und Wertgeborgenheit zu suchen ist, wird ausgenützt durch Verhetzung zu Neid und Aggression. Auch all die Versprechungen des Glücks durch Hingabe an religiöse Bewegungen und Sekten dienen solchem Mißbrauch. Allem liegt die Suche um Wert und Sinn zugrunde. Den genannten Auswegen und blinden Agitationen erliegen vor allem die vielen, die durch Mangel an Selbstwerterlebnissen geprägt sind. Sie fühlen sich aufgehoben im Mitagieren von Gruppen, die ihnen Zielsetzungen und Ausrichtung oder gar Führung geben, ebenso die Teilhabe an Idealen ermöglichen oder gar die Teilhabe an einer besseren Welt, für die man mitwirkt. Wieviele sich in diesem Prozeß wieder fremdbestimmen, mißbrauchen und ausnützen lassen, was politische Cliquen und pseudoreligiöse Gruppen inszenieren, verlangt breit angelegte Aufklärung.

Wer sich selbst und den andern tiefer verstehen lernen, Menschsein in seiner Dramatik und Dynamik zu begreifen versuchen will, kann die schmerzliche Realität nicht umgehen, zuerst bei sich selbst und auch im andern das gesuchte Ideal-Ich abzutragen und den Menschen in seiner Unfähigkeit zu idealisierter Weltgestaltung zu erkennen. Hier ist zu üben, Projektionen zurückzunehmen und damit die inflationistische Vergottung des Menschen. Das Ausmaß an potentiellen Aggressionen und Affektivitäten ohne bewußte Einsicht und Vernunft, die Egoismen und narzißtischen Verhaltensweisen und Ansprüche im Sinne von „nimmersatt und niegenug" stehen im krassen Widerspruch zu allem Fortschritt. Es ist an der Zeit, daß wir uns dem zuwenden, was zur psychischen Bewältigung des Fortschritts und des materiellen Wohlstands führt. Während wir den Kampf um die Umweltverschmutzung zunehmend begreifen und aktiviert werden, sind es nur kleine

Gruppen, die sich der Innenweltverschmutzung, auf die ich schon hingewiesen habe, zuwenden und für entsprechende Hilfestellungen besorgt sind. Weil immer alles bei uns selbst beginnt und zu verwirklichen ist, können wir nicht ins Ideal und Ideologische flüchten. Viele erleben dies als beängstigende Desillusionierung und wollen sich der Mühsal mit dem eigenen Leben und dem eigenen Tun und Lassen nicht stellen. Dennoch sind viele mit dabei, in Teilbereichen aktiv mitzuwirken, Projektionen rückläufig werden, und mehr Wirklichkeit und Tatsachen in unser Leben treten zu lassen. Die Heroisierung und überfordernde Vollkommenheitsansprüche werden abgebaut. Frauen werden nicht mehr als Wesen gesehen, an die blind Erwartungen und Anforderungen gestellt werden können. Von früheren Generationen von Männern war ein merkwürdiger Spaltungsprozeß vollzogen worden: Einerseits waren Frauen Engel und höhere Wesen, in die man Wunschphantasien projizierte, zum andern waren sie infantile Dummerchen, die nichts von der Welt verstanden und bei entsprechender Grenzsetzung zu leben hatten. Mütter müssen nicht mehr die Rolle der archetypischen Erdgottheit darstellen, vielmehr werden auch sie nun zum Menschen, der zwar Mütterliches in sich entfalten kann, jedoch sein persönliches Menschsein nicht verleugnen muß. Frauen dürfen immer mehr ganz einfach Mensch sein. In einem Kind werden nicht mehr die Engelprojektionen gesehen und ein Wesen jenseits von Gut und Böse, vielmehr erleben wir es als werdenden Menschen, der in unsere Welt hineinwächst mit all der damit verbundenen Freude, Mühe und auch dem dazukommenden Leiden. Männer müssen weder für sich selbst noch für die andern extrem Männliches verkörpern, müssen keine Helden sein, die an Leib und Seele von Kraft strotzen. Auch sie werden erlöst von solcher Überforderung und Lüge, werden unter der Zurücknahme von Projektionen frei für die Entfaltung ihrer eigenen Persönlichkeit und die Wirklichkeit ihres Lebens. Parallel vollzieht sich langsam die Befreiung von der Identifikation mit Statussymbolen, die nicht in menschlichen Werten gründen, d. h. wenn der dahinterstehende Wert nicht vollzogen wird. Wenn Äußerlichkeiten im Statusgehabe nicht mehr wirksam sind, geht es ums Sein. Was wir sind und was wir tun, ist dann wertprägend. Bei einer sozialen Vorrangstellung bedeutet dies soziale Verantwortung, die auch schon dem Vorarbeiter obliegt und jeden vor Machtmißbrauch bewahrt. Wer sich in diesen Gedanken vertieft, erkennt, wie gefährlich jeder wird, der aus der Wertbindung gelöst ist.

Je mehr wir über Forschungsarbeiten erfahren, die Verhalten von Menschen in früheren Zeitaltern, anderen Ländern und Kulturen uns erkennbar machen, umso mehr wird das Verschiedensein, das Veränderliche, das mit äußerlicher und innerlicher Entwicklung sich Wandelnde von Sitten und Moral und damit auch der Ehrbegriffe ersichtlich. Darum wurden auch die Gültigkeit von Rangordnungen, Statussymbolen und die damit verbundene Ehre in Frage gestellt. Auf unserem Erdteil und in unserem Jahrhundert gab es im Hinblick auf die Moral ebenso große Veränderungen, wie sie im Bereich der Politik und Wirtschaft sich vollzogen haben. Vieles erwies sich als überholt und entbehrte des Sinns, nachdem sich Lebensgewohnheiten grundlegend geändert hatten. Die Berufstätigkeit der Frau außerhalb der Familie setzte sich z. B. erst durch, nachdem ihr Wirkbereich immer kleiner geworden war und Frauen mit einem Kind und einem technisierten Haushalt sich unterfordert und wie es tatsächlich dann auch kam, eben unterbewertet fühlten.

Das Mißtrauen gegenüber moralischen Zwängen und Forderungen ist ein notwendiger Entwicklungsschritt, um sinnentleerte Formalitäten und Scheinwerte abzugrenzen von dem, was unsere menschlichen Anliegen und den Sinnbezug berühren. In diesem Prozeß der Abwertung und der Befreiung von sinnentleerten Äußerlichkeiten geraten viele in Schwierigkeiten. Auf allen Gebieten der Umwälzung und Veränderung ist es immer der weitaus einfachere Teil, das Überholte und Alte abzustoßen. Dabei ist jedoch wichtig, Unterscheidungsfähigkeit zu haben für das, was noch brauchbar ist und in seinen folgen mehr als nur Oberflächlichkeit zeigt. Am schwierigsten ist es jedoch, Neues zu gestalten, nach dem Einreißen kreativ zu werden. Im Bereich von Sitte, Moral, Ethik, der bei vielen nicht ohne Grund allergische Reaktionen auslöst, geht es uns heute um Wertsuche jenseits der Oberfläche und Formalität in dem Bereich, da wir existentiell betroffen werden, wo es um unser Menschsein geht. Wer in die totale Willkür verfällt, ins Unverbindliche, gleitet in die totale Entwertung seines Daseins hinein. „Ich kann tun und lassen, was ich will ... aber das ist es ja gerade." Solche Äußerungen hörte ich oft von denen, die nirgends mehr eingebunden sind, nicht von andern und auch nicht von Aufgaben gefordert sind. Bei ihnen schwinden nach einer Phase der Selbsttäuschung die Kräfte und die Kreativität ebenso wie sie denen wachsen, die im lebendigen Geschehen des Alltags gebraucht werden, sich einbringen, sich nicht schonen, kein Glück erhoffen vom faden „Gutgehen". In Umbruchzeiten vollziehen sich immer Wertveränderungen. Gerade darum sind es aufregende, aufwühlende Phasen, die neue Konflikte bescheren, während man sich darüber erleichtert dünkt, die alten loszusein.

Die Befreiung von der Bevormundung der alten Bewertung führt bei manchen zum Zusammenbruch der bisherigen Selbstbewertung, wenn sie darauf aufgebaut war, äußerlichen Formen und Normen gerecht zu werden, die nun plötzlich ihre Bedeutung verlieren. Aber auch tiefer reichende Themen können in intensive Krisen führen. „Was hat meine Generation mit sich gerungen im Widerstand gegen die Onanie ... und nun soll das alles Unsinn sein und die Selbstbefriedigung, die Unfähigkeit den Trieb zu zügeln etwas ganz Normales ..." Das Wissen um die Problematik extremer Triebverdrängung und die damit verbundene Gefahr ist in einer solchen Äußerung nicht enthalten. Die Integration des Trieblebens in die Gesamtpersönlichkeit als viel weiter reichendes Ziel und als Aufgabe ist dabei noch nicht wahrgenommen. Es wird nur Wertverlust gesehen und nicht der Weg zu neuer Bewertung und damit zu entscheidender Hilfe mit seinem Triebleben zurechtzukommen. Dabei ist nicht der Enthemmte das Ziel, nicht der sexualisierte Mensch, wie er sich nach der Sexwelle bei manchen als Übergangsphänomen zeigte. Angestrebt wird, Sexualität nicht zu verleugnen, vielmehr mit ihr so zu leben lernen, daß sie weder überschwemmt und alles sexualisiert, noch uns im Kampf gegen sie viel psychische Energie abverlangt wird.

Beim Umbruch der Werte geht es nicht um neue Formen, vielmehr um neue Inhalte und erweiterte Zielsetzungen, also um Weiterentwicklung und nicht um äußerliche Veränderungen. Längst ist deutlich geworden, daß die Willkür, die sich im extremen Individualismus äußert, nicht Verwesentlichung bringt, vielmehr führen diese Versuche, sich selbst durch Abgrenzung zu prononcieren, in die Isolation, auch in die Vereinsamung zu zweit oder der ganzen Gruppe, wenn über den eigenen Kreis hinaus die Wir- und Wertbezüge fehlen. Keiner ist sich selbst genug, auch wenn er zunächst glaubt, sich in der abgrenzenden Ich-Betonung zu steigern. Dies ist bestenfalls als Phase und damit vorübergehend möglich. Wir brauchen den andern oder die andern viel mehr als uns bewußt ist zur Hingabe ebenso wie zur Abgrenzung. Hinter der individualistischen Distanz verbirgt sich oft Angst vor den andern und der Mangel an Mut, sich auseinanderzusetzen in der Begegnung mit denen, die anders sind als wir. In solcher Haltung versteckt sich auch Mangel an Engagement, wenn es nicht um den eigenen Vorteil geht. Um sich von narzißtischen Tendenzen zu lösen, ist Begegnung und Wir-Erlebnis notwendig. Dies bedeutet den Schritt zu vollziehen vom absolut genommenen Ich-Selbst als höchsten Wert hin zu der Relativierung des Ich-Selbst, die möglich ist durch die Partizipation am Größeren und auch an der Fülle des Lebens um uns. Damit verbunden ist die Zurücknahme der Vergottung und Inflationierung des Ich-Selbst. Dies erleben viele als totalen Verlust jeglicher Wertigkeit. Wer jedoch durchsteht, erlebt statt dem Schein eigener Großartigkeit den Wertzuwachs über die Teilhabe am Ganzen, das mehr ist als die Summe der einzelnen und vieler Teile. Teilhabe ist zu verstehen als das Erlebnis des Getragenseins und zugleich als aktive Begegnung und Verwirklichung des lebendigen Lebens. Die Überwindung der narzißtischen Kränkung ist die Relativierung des Ich-Selbst. Das bedeutet, sich als Teil und in der Teilhabe im Wir und in unserer Welt zu akzeptieren. Damit ist ein Sich-Öffnen für das Transzendente verbunden, das jeder nur in sich selbst und auf seine Weise erleben kann. Unter dem Transzendieren verstehen wir das Übersteigen der Grenzen dessen, was nicht erfaßbar, auch nicht bewußtseinsfähig ist. In der Partizipation bin ich darum immer mehr als nur ein Ich.

Psychologie und Pyschotherapie sind kein Religionersatz. Wir erleben jedoch oft in der Arbeit mit dem sich selbst Suchenden, daß er über das Freiwerden von dem, was Behinderung war, eine gesunde Emotionalität entwickelt und damit alles neu und vertieft zu erleben vermag. In dieser Weltoffenheit erlebt der Erlebnisfähige auch das Hintergründige, rational nicht Faßbare, das nicht formuliert, jedoch erlebt zu werden vermag von jedem auf seine Weise. Damit rührt man an die Grenze, wo jegliche Form von Wissenschaft aufhört. Im Grunde verbirgt sich hinter der Wertsuche, mit der immer auch Sinnsuche verbunden ist, ein religiöses Anliegen. Wert und Sinn werden bestimmt durch eine Beziehung zu einem Größeren. Durch Teilhabe an ihm werden Wert- und Sinnerleben vermittelt. Das Wertlose ist immer dadurch gekennzeichnet, daß es zu nichts in sinnvolle Beziehung gebracht werden kann. Das Wertlose ist sinnlos und das Sinnlose ist wertlos. Alles wird durch den Sinnbezug bestimmt. Die Fähigkeit zum Werterleben ist die Voraussetzung hierzu. Das bedeutet eingeordnet sein, zugehörig sein, Teil sein von Größerem, das Zusammenhänge und Beziehungen vieler Teile bedeutet. Das Partielle ist immer zugleich Mitträger, Mitverwirklicher und Mitgestalter. Nichts ist sich selbst genug. Alles deutet über sich selbst hinaus im Hinblick auf Vergangenheit und Zukunft, aber auch im Blick auf die Seinsmöglichkeiten der Gegenwart. Nichts vermag aus sich selbst heraus und ohne Bezug zu leben. Dieses Beziehungsgeflecht alles Seins, Geschehens und Wirkens ist uns im allgemeinen nicht bewußt. Unser Gefühl läßt sich jedoch nicht täuschen. Wir alle kennen das Unbehagen, wenn wir etwas Sinnloses tun oder getan haben. Die Leere, die uns im Bereich des Wertlosen anödet, uns lähmt, deprimiert und uns selbst entleert, ist uns in irgendeiner Form vertraut. Es ist das Gefühl, vom Unwesentlichen bedrückt zu werden und damit selbst unwesentlich zu sein. Wesentlich werden wir immer dann, wenn wir uns einsfühlen können mit dem, was uns lieb und wert ist, wenn wir Übereinstimmung erfahren, und im Bezug zu dem erleben, was über uns hinaus führt in die Richtung zum Ganzen alles Seins. Dies ist die Erfahrung höchster Werte und damit höchsten Glücks. Dann lernen wir immer mehr zu unterscheiden von dem, was den Launen des Zeitgeistes und dem Oberflächengeschehen entspricht. Auf Werterlebnisse können wir auf die Dauer nicht verzichten. Sie gehören zum Wesen des Menschen und sind letzten Endes nicht nur beglückend, sondern lebenserhaltend.

In der Psychologie von C. G. Jung ist die archetypische, d. h. dem Menschen a priori gegebene und biologisch verankerte Grundlage des Wert-Seins erkannt. Die ganze Arbeit am Menschen und mit ihm ist letzten Endes auf diese Hinführung zum Selbstwert im Sinne des Übersteigens des Ichs gekennzeichnet. Dabei geht es nicht lediglich um Selbstbewußtsein, vielmehr um das tiefe Erfahren, daß Selbstwerden nur erlebt werden kann in der Selbstverwirklichung. Mit diesem Wort ist viel Mißverständnis verbunden, weil es ein psychologisches Modewort wurde, das zu allen Formen von Egoismen und Oberflächenpsychologie mißbraucht wurde. Die Geheimhaltung von Weisheitslehren in früheren Zeiten wird uns durch solche Vorgänge des Mißbrauchs verständlich. Es gibt Wissen und Wahrheiten, die nur dem fruchtbar und sinnvoll werden können, der den dazugehörenden Weg und den damit bereiteten Boden in sich trägt. Ohne diese Voraussetzungen kann Wissen nicht nur Mißverständnisse hervorbringen, sondern eben gefährlich und zerstörerisch werden.

Die im Selbstbewußtsein und Selbstwerterleben enthaltene Bejahung, die wir erfahren, beruht auf dem Getragensein durch den Seinsgrund, aus dem heraus wir leben. In einer Gruppe junger Menschen wurde über dieses Thema und Erleben gesprochen. „Ich weiß, daß ich von den großen Lebenskräften gewollt bin, sonst wäre ich nicht da. Ich fühle mich von diesen Kräften getragen und erlebe immer deutlicher meine Teilhabe. Ich bin ein Teil des großen Lebens, das sich in mir verwirklichen will." „Sag' statt Allmacht und Lebenskräfte einfach Gott," sagte ein anderer Gruppenteilnehmer. „Gott ist mir so kleinlich rächend, strafend und mit menschlichen Attributen nahegebracht worden, daß er mir zu klein ist für das, was ich fühle. Er ist ganz einfach für mich falsch besetzt worden." „Ich bin Christ." sagte ein anderer. „Es war für mich ein mühsamer Weg, mich von Gott geliebt zu fühlen. Alle religiöse Erziehung meiner Kindheit und Jugend hat dies nicht vermocht und mir eher den Weg verbaut. In erwachsenen Vermittlern wirkt sich meist viel zu viel Angst vor dem allmächtigen Gott aus. Sie haben mehr Angst als Erlebnisse des Getragenseins, weil Gott schon immer erzieherisch mißbraucht wurde. Für mich heißt Christ sein, sich geliebt und getragen wissen." „Ich weiß mit meinem Verstand ganz klar, daß all das, wo ich mich schuldig fühle, mir von Gott vergeben wird. Aber mein Herz wurde von Kindheit an so sehr verängstigt, daß ich mir selbst nicht vergeben kann. Ich muß erst die Angst meiner Kindheit loswerden, um mich den größeren Dingen zu überlassen." Aus solchen Mitteilungen wird deutlich, daß aus der Partizipation am Transzendenten eine Selbstbejahung verbunden mit Selbstvertrauen erwächst, was die Grundlagen sind für den Mut zum Sein. Dabei geht es keineswegs um Selbstbeharrung und Selbstbetonung. Im lebendigen Lebensvollzug verwirklichen wir uns, indem wir uns dem stellen, was zu unserem Dasein gehört. Es geht dabei auch um unser Tun und Handeln, um all das, wie wir uns einbringen, wie wir hineinwirken in die vorgefundene Welt. „Ich bin nicht Gott. Ich weiß und fühle das ganz klar", äußerte der junge Mann, der oben zitiert wurde. „... Aber er wirkt in mir und durch mich." In solch bewußter Teilhabe erfährt er Wertgeborgenheit, Aufgabe und Sinn in einem.

Ob dies im religiösen Erleben sich vollziehen kann oder über den schwierigeren Weg der Selbstfindung im anonym gebliebenen Transzendenten, es bleibt immer ein kreatives Geschehen, das den ganzen Menschen betrifft. Das Ganzheitserlebnis überwindet den Sturz des isolierten Menschen ins Nichts, übersteigt sein entleertes Dasein, gibt ihm die Liebe zu sich selbst, die er braucht, um gesund leben zu können. Darüber hinaus entwickelt sich dadurch auch die Liebesfähigkeit für das Erleben der Werte im andern. Der Drang zur Sozialisation, sei es Gruppenzugehörigkeit, die für das Kind schon von großer Bedeutung ist, oder Kontakt von Mensch zu Mensch, all dies gehört mit zu den Urbedürfnissen unseres menschlichen Wesens. Weil dies grundsätzlich in uns verankert ist, wird in jeder unserer Reifungsphasen auch die Beziehungsfähigkeit und Beziehungsgestaltung mit betroffen. Wenn in uns sich etwas verändert, vollzieht sich dies auch in unserer Beziehung zum Mitmenschen und zur Umwelt schlechthin. Dabei bleiben die früheren Verhaltensweisen in uns erhalten. Wir alle können aus unserer Erfahrung mit uns selbst beobachten, wie schnell im einzelnen und erst wie leicht in Massen sich die oberste Stufe einer kulturellen Prägung hinwegfegen läßt und im Affekt uralte, primitive Wildheit sich erneut zeigen kann. Die Kulturfähigkeit und Kulturstabilität ist nicht in jedem gleich, zeigt vielmehr große Unterschiede, die jedoch bei der angelernten Fassade vieler Menschen nicht leicht erkennbar ist, sich aber im Zusammenleben im Alltag mit der Zeit kundtut. Kulturentwicklung ist ein doppelter schöpferischer Vorgang. Weil Kultur die Natur und das Wesen des Menschen ist, muß er Kultur erschaffen und sie verwirklichen. Letzten Endes bedeutet dies, daß wir immer in einem wertschaffenden Prozeß stehen, wobei in der Wertverwirklichung dann sich unser Leben und auch unsere Individualität realisieren kann. Wertfindung und Wertverwirklichung sind höchste kreative Leistungen. Dies haben schon in frühen Zeiten die Philosophen und Weisen erkannt und jeweils in ihrer Weise formuliert. Bei den Dichtern wurden solche Wahrheiten formuliert und in den Religionen dargebracht. Die Wahrheiten und Weisheiten sind uralt. Neu werden sie lediglich dadurch, daß wir sie in neuen Zusammenhängen sehen, daß z. B. die Tiefenpsychologie und die psychologische Arbeit mit dem Menschen zu solchen Erfahrungen hinführt und aus ganz anderen Bezügen heraus an die Transzendenz rührt, ist noch nicht lange her.

Wem die zum Wesen des Menschen gehörenden Gestaltungsprozesse, d. h. gestaltetes Menschsein nicht gelingen, sehnt sich nach der Rückkehr in die Ursprungsgeborgenheit. Es geht dabei um Schutzsuche in der Regression. Enthoben sein aller Aufgaben und Zuständigkeit, nochmals als Kind beginnen zu dürfen, ist nicht nur die große Sehnsucht der Süchtigen, Depressiven und seelisch Kranken, sondern auch jeder von uns kennt Phasen notwendigen Rückzugs als Schutz vor

Überforderung und als Zone der Sammlung neuer Kräfte. „Wenn ich zurückwollte in einen großen Uterus, in den der Natur oder zu dem großen X, aus dem wir kommen, dann wäre dies am einfachsten zu erreichen, wenn ich mich umbringen würde ...", äußerte ein Student, der in tiefer Unzufriedenheit lebte, weil ihm über sein Studium nur Faktenwissen und Detailwissen geboten wurde. „Das macht mich zwar zum Vielwisser und Besserwisser in manchem Bereich, ... ist aber allzu wenig, was einem zu leben hilft. Manche sind dabei schon beglückt und fühlen sich großartig. Ich kann das nicht und will es auch nicht. Wissen allein schafft noch keinen Sinn." Um Sinnzusammenhänge erfahren zu können, um vom abgegrenzten Ich zum Selbst zu finden, benötigen wir mehr als Denken und Wissen, darüber hinaus auch Fühlen und Intuieren, um ans Überpersonale zu rühren, das rein denkerisch nicht faßbar ist.

Die Polarität alles Seins bringt viele in Schwierigkeiten. Einzelwesen und individuiert sein, sich aber auch als verwirklichter Teil des umfassenden Ganzen und begrifflich nicht festlegbaren Transzendenten zu erleben, ist bei uns im Abendland im religiösen und philosophischen Bereich formuliert worden, jedoch wurden dem einzelnen keine Wege gewiesen und Hilfe geboten. Wir bräuchten sonst weniger Psychotherapie zur Selbst- und Sinnfindung. „Ich muß nicht wie Gott sein, ... ich soll ich sein ..." sagte eine Patientin mit einem entlastenden, tiefen Seufzen und Aufatmen. Sie war in eine Klinik eingeliefert worden, weil sie sich als Christus erlebt hatte und aus ihrer eigenen Persönlichkeit herausgetreten war. Dies hing mit vielen von ihr als Kind willig aufgenommenen Überforderungen und Liebeswerben zusammen, die alle Ich-Kräfte und Eigenbedürfnisse verneinten und schließlich zu einer großen Inflation der Psyche führten, weil zu wenig phasenspezifische Eigenwertigkeit erlebt worden war.

Der eine hat Probleme damit, abgegrenztes Ich-sein zu erlernen, der andere damit, sich in der Partizipation zu erleben. Diese nur als Regressionswunsch und als Wiederholungserlebnisse der kindlichen Anfangssituation in der Dualunion zu verstehen, ist das Mißverständnis rationalistischer Psychologie, die den menschlichen Zusammenhang mit dem Irrationalen in ihm selbst wie auch in der Welt nicht kennt und darum schlicht leugnet. Es gibt immer noch Vertreter dieser orthodoxen Psychologie. Bei ihren Repräsentanten wurde die Entwicklung der Überwindung der naturwissenschaftlichen Eingrenzung der Psychologie nicht mit vollzogen. In der Psychologie gibt es wie in der Kernphysik Bereiche, die eben nicht „noch nicht" wissenschaftlich faßbar sind, vielmehr wird die Psychologie immer an Grenzen stoßen, die jenseits des experimentell Beobachtbaren liegen.

Dem Menschen ist objektiver Sinnbezug nicht möglich zu fassen, ebenso wenig wie ihm letztes Erkennen dessen, was Welt ist, zugänglich ist. In der subatomaren Forschung wurde die Grenze klar erkannt, weil sie im menschlichen Wahrnehmen und Erkennen begründet ist. Die Grenze wurde auch in dem Bereich subatomarer Experimente dadurch gesetzt, weil der Beobachter, also der Forscher selbst als Mensch und mit dem menschlich geprägten Erkennen-Können in das Geschehen einbezogen ist. Er vermag darum nur noch die Äußerungen und Wirkungen von dem zu erforschen, was das dahinter stehende, große X, das Bewirkende ist. In derselben Situation befinden wir uns auch in der Psychologie, sofern es sich um den Wert- und Sinnbereich handelt. Den objektiven, allgemein gültigen Sinn vermögen wir nicht zu erkennen, weil wir dabei den Standort eines außenstehenden, nicht im Sein verwirklichten Wesens einnehmen können müßten. Was uns möglich ist, sind die Auswirkungen von Sinn und Sinnlosigkeit zu beobachten und zu erfahren. Dies gelingt nicht, ohne als Subjekt mit einbezogen zu sein. Wer nicht den Mut hat zum Subjektsein, d. h. zum im Erkennen begrenzten und nicht allmächtigen aber fühlenden Menschsein, wird unweigerlich mit der Sinnlosigkeit und damit der Wertlosigkeit konfrontiert. Sinnfinden ist abhängig von der Sinnfähigkeit des Suchenden.

Auf allen Erdteilen und in den verschiedensten Kulturen, Zeiten und Entwicklungsstufen der Menschheit ging es um das Teilhaftig-Werden und das damit verbundene Transzendieren. Primitive erleben sich im Grunde nie als Einzelwesen und in nichts individuiert. Sie kennen nicht den Dualismus, der daraus entsteht. Die im erkennenden Bewußtsein Lebenden waren immer schon bemüht, den Weg zum letzten Ganzen zu beschreiten. Die Mystiker sprachen vom Fünklein Gottes im Menschen. Die Chinesen waren vom Tao ergriffen, weil sich ihnen im Weg schon das Ziel offenbarte. Bei den Buddhisten ist es die Buddhaschaft in jedem, die zur Erlösung befähigt. Immer wieder geht es um Befreiung aus der Ichverhaltung, um den Weg zum Göttlichen. Über die Partizipation vollzieht sich Erlösung, Heilwerden, Ganzwerden. Daß Abgespaltensein zu Krankheit und Not führt, davon weiß der Psychotherapeut zu berichten.

Die Analytische Psychologie von C. G. Jung hat als letztes Ziel die Selbstfindung, die immer nur graduell und nie total verwirklicht werden kann. Jeglicher Gesundungsprozeß, jede Heilwirkung ist in der Ausrichtung hin zum Selbst, d. h. zur Teilhabe am Wesentlichen zu verstehen. Auf diesem Weg werden abgespaltene Teile der Psyche als solche erkannt und angenommen. Der erste Schritt ist darum die Arbeit am Schattenproblem. Sich selbst in der eigenen Zwiespältigkeit erkennen, auszuhalten und annehmen zu lernen, ist schon ein großer Schritt. Auch in uns selbst wirken die im Prinzip der Welt verankerten Gegensätze. Wenn wir nicht mehr mit ihnen kämpfen müssen, werden sie zu Ergänzungen, ein wichtiger Schritt auf dem Weg zur Integration und Weisheit. In uns allen wirken das Weibliche und das Männliche, das beides von uns gelebt sein will. Wir tragen in uns die Potenz des Guten und des Bösen, ohne das es das Gute nicht geben kann. Wer das Gute liebt, muß das Böse akzeptieren, das zum Prinzip unserer Welt gehört. Wie schwer es ist, sich selbst mit der Möglichkeit zur Destruktion, mit den Potenzen des Bösen wahrzunehmen und dann anzunehmen lernen, weiß jeder, der analytische Psychologie und Psychotherapie kennt. Hier geht es um etwas ganz Entscheidendes: Wer den Menschen und damit auch sich selbst nur im Bereich des Vollkommenseins, der Makellosigkeit sucht, ist durch solche irrealen Vorstellungen dazu verdammt, ein Bild von sich und vom andern zu entwickeln, das ihn in Unzulänglichkeit, im Versagen, und in Unfähigkeit zeigt. Denn jeder wird mehr oder weniger in seiner Wirklichkeit hinter utopischen Idealvorstellungen zurückbleiben und muß sich darum immer abgewertet, als Versager im Wertsein, als unzulänglicher Wertträger vorkommen.

Kinder haben, sofern sie nicht früh verstört wurden, ein Gefühl für Lösungen von Gegensätzen und Spannungen. Sie zeigen oft noch die Toleranz und Menschlichkeit, die vielen Erwachsenen aberzogen wurde. Oft wurde ich an das kleine Mädchen erinnert, das zu seiner Mutter kam und sagte: „Heute ist mein Geburtstag. Gelt, da könnte ich doch ein bisle ‚Sau' sagen?" Wohl dem, der eine Mutter hat, die hier ja sagen und lachen kann. Dieses „wohlerzogene" Kind, das genau die Regeln und Gebote seines Elternhauses kannte und auch die Folgen bei Nichteinhaltung, fand eine Lösung jenseits der Extreme, auch jenseits absoluter Verdammung.

Wenn zu wenig Teilhabe am Wert und damit zu wenig Eigenwert die Würde des einzelnen in zu hohem Maße abbaut, kommt es zu Erkrankungen bis hin zum Selbstmord. Bei gelungenen oder auch bei versuchten Kinderselbstmorden wurde öfters geäußert, daß sie ihre Eltern nicht belasten wollten, Vater und Mutter ohne Kind besser tun und lassen könnten, was sie wollen. Solchen Kindern war in deutlicher, nicht unbedingt verbaler Weise kundgetan worden, was sie an Arbeit, Geldausgaben, Einschränkungen oder an Enttäuschungen verursacht haben. Beim Suicidanten wurde das für ihn gültige Minimum an Wertsein unterschritten. Dann ist Weiterleben sehr problematisch. Es ist eine bedeutsame Tatsache, daß Selbstmorde in Zeiten großer äußerer Not und Gefahr nicht zunehmen. Nicht Hunger und Elend lassen das Leben verweigern, vielmehr die Erschütterung, die durch Mangel an Wertsein und der damit verbundenen Isolation zustande kommt.

Unser Jahrhundert hat uns zur Erkenntnis gezwungen, die Gewalt und Wirksamkeit gefährlicher und wertzerstörender Kräfte im Menschen wahrzunehmen. Wir können nicht die Augen verschließen vor dem, was in unserer Epoche an folgeschweren Erschütterungen und Auflösung früherer Sicherheiten sich katastrophenartig vollzogen hat. Der Ende des letzten Jahrhunderts herrschende Positivismus, der Glaube an die Vernunft und den Fortschritt machte blind gegenüber dem, wozu wir Menschen an Grausamkeit, Wildheit und Destruktivität fähig sind, wie leicht alle Grenzen setzenden Werte hinweggefegt werden können. Dies brachte uns Tatsachen ins Bewußtsein, die uns die durch den Menschen waltende Dämonie, die Wucht destruktiver Mächte, die rational nicht einzuordnen sind und wie Naturkatastrophen über uns herfielen, vor Augen führten. Sie rissen alles fort, was vom Bewußtsein her an Überbau und an Kultur geschaffen worden war. Wir haben erfahren, daß im Menschen sich jenseits von Bewußtsein und Wille ungesteuertes, chaotisches Leben vollziehen kann. Diese erschreckende und furchterregende Tatsache der potentiellen Bestialität, die sich nicht nur im Morden und in Grausamkeiten vollzieht, sondern auch in der mit Geschäftstüchtigkeit getarnten und von der Ratio mit unechten Argumenten beruhigt vollzogene Zerstörung der Natur und Gesundheit, all diese Not hat viel in Gang gesetzt: Nicht nur ein vertieftes Wissen um den Menschen, seinen unbewußten Hintergründen und das immer klarer erkannte Mißtrauen gegenüber dem, was der heutige Mensch uns an Fortschritt darbringt. Darüber hinaus führte der Weg weg vom Glauben an die Aufklärung, an die Lösung aller Probleme durch Wissenschaft. Die Eroberung des Alls und die Erforschung der Geheimnisse der sich materiell auflösenden Materie verwiesen zurück auf uns selbst. Nach den beängstigenden, auflösenden Prozessen, die alle Selbstherrlichkeit des Ichs und seine inflationären Tendenzen erschütterten, wurde auch die Einseitigkeit und Spaltung erkannt, in die Rationalismus und Individualismus getrieben haben. Die oberflächliche scheinbare „Heile Welt" aktivierte das Unheilvolle, das Chaos. Unsere verfeinerte, dekadente, unnatürliche Lebensweise produzierte die Faszination an allem Primitiven, Entkomplizierten, was unreflektiert von vielen unserer Mitmenschen erlebt wird und sich auf vielen Ebenen vollzieht. Es verläuft ganz verschiedenartig: Die einen suchen die Entledigung allzu komplizierten Lebens in der Flucht ins einfache Leben, ins sogenannte „Aussteigen". Die andern freuen sich an Primitivismen in der Kunst und genießen sie kompensatorisch. Manche vollziehen die Lust an der Regression ins Unkomplizierte als Rowdy und Schläger und ziehen sich in frühpuberale Verhaltensweisen zurück. Es gibt viele

Versionen, sich der Kompliziertheit unseres Lebens zu entziehen bis zur Freude am Chaos. Bei solcher Art der Entlastungsuche wird bei der „Lust am Abgrund" die damit verbundene Gefahr verdrängt wie beim russischen Roulett. Man weiß nie, wann der Abbau oder die Zerstörung den Punkt erreicht, wo die eigene Entwicklungschance demontiert wird. Die Genüßlichkeit an Auflösungsprozessen kann insofern abtötend wirken, als sie den Weg neuer Gestaltung, den Versuch eigener Auseinandersetzung und Kreativität verhindert. Wer seine Fähigkeit zu schöpferischen Reaktionen und Gestaltungen verloren hat, fühlt sich vom Abgrund und von dem Destruktiven besonders angezogen. Die Zeiten, in denen viele mit der Freude an der Demontage von oberflächlichen Werten, also Scheinwerten lebten, sind noch nicht zu Ende. Je größer die Entwertung des einzelnen sich vollzog, was auf vielen Ebenen geschah, umso mehr nahmen die Bedürfnisse nach Aufwertung zu. Dies ist materiell möglich, auch durch Prestige und Rang, durch extreme Individualisierung als Versuch, sich selbst Wert zu geben durch Selbsterhöhung und Prononcierung gegenüber den andern, oder über unersättliche Ansprüche auf allen Gebieten. Parallel zum Erleben von bedeutsamen Aufgaben und Zielen entwickeln sich nun bei vielen Möglichkeiten postmaterieller Wertungen. Die Mitwirkung und auch die aktive Lebensgestaltung im Bereich kleiner Gruppen, die Möglichkeit in einer zunehmend zu verwirklichenden Demokratie sich einzubringen, die Wachsamkeit gegenüber neuen menschlichen Gefährdungen und auch die bewußtere Beziehung von Mensch zu Mensch in der Partnerschaft und Familie bringen neue Zielsetzungen. Es sind erste Schritte, die Entwertung des einzelnen zu überwinden, die Materialismus, Industrialisierung und Massengesellschaft heraufbeschworen haben. Auch Kinder dürfen sich in vielen Familien als wichtig erleben, als Partner, der ernst genommen wird, als werdender Mensch. Wenn dies auch noch nicht auf breiter Ebene verwirklicht werden kann, bleibt uns doch zu hoffen, daß nicht nur in die Familien, sondern auch in die Kindergärten, Schulen und Ausbildungsstätten der Geist der Partnerschaft und des Miteinanderlebens einzieht. Damit können immer mehr Kinder ohne das

Erlebnis der Ohnmacht gegenüber Gewalt und Tyrannei und des Mißbrauchs sich entwickeln. Wer sich als Wert erleben durfte, wird weniger zum Massenmenschen disponiert, ist weniger gefährdet, ins Asoziale, Kriminelle und Gewalttätige abzugleiten. Er wird die in jedem Schicksal unumgänglichen Frustrationen nicht nur ertragen, sondern auch aufarbeiten lernen können.

Es ist immer ein kreatives Geschehen, wenn der Sinnbezug und das Verwobensein all dessen, was lebt und geschieht, erahnt werden kann. Der unschöpferische Mensch ist durch sein Festgelegtsein, seine Einseitigkeit des Denkens und Fühlens und damit durch die Einengung seines Erlebnisbereiches und Wirkungsfeldes gekennzeichnet. Wie gefährlich Eingrenzung und Abspaltung werden können, haben wir deutlich vor Augen geführt bekommen, wenn hemmungslos und ohne soziale Verantwortung all das vollzogen wird, was dem heutigen Fachmann machbar ist. Wer keine Zuständigkeit für Werte und auch die Kreativität der Sinnfindung nicht zu vollbringen vermag, wird für die andern gefährlich, meist auch für sich selbst. Er bewegt sich früher oder später in die Richtung der Melancholie und Depression, die immer mit der Wert-losigkeit und damit verbunden der Sinn-losigkeit verbunden ist. Dies kann zwar über Jahre hin verdrängt oder durch Hektik und Überaktivitäten verdeckt werden, jedoch nicht auf die Dauer. Nicht allein viele Selbstmorde sind auf Wertverlust zurückzuführen, auch schwere Erkrankungen und früher Tod stehen damit in Zusammenhang. Speziell bei Krebsleiden wurde festgestellt, daß sehr häufig Verlusterlebnisse, die verbunden waren mit dem Verlust von sinnvollen Aufgaben, und über sich selbst hinausreichendem Wertbezug vorausgegangen sind. Der Körper vollzieht oft die in der Seele sich meldende, aber verdrängte Verneinung und verweigert das Weiterleben ohne Bezug zu Aufgaben und Wert.

Die Menschheit hat immer in allen Kulturen und auf allen Erdteilen bei der unvermeidlichen Konfrontation mit dem letzten unbeantwortbaren Rätseln sich schöpferisch verhalten. Die Begegnung mit Geburt und Tod, mit Liebe und Haß, Wachstum und Reifung auf der einen Seite, Katastrophen und

Zerstörung auf der andern Seite waren nie zu hinterfragen und wurden darum zur Herausforderung. Immer wenn der Mensch an das Unerklärbare und Unbeantwortbare rührte, gestaltete er den Mythos. Er ist die intuitive Schau, die Strukturierung dessen, was nicht anders als in mythischen Bildern ausgedrückt werden kann. In diesen Darstellungen wird im Rahmen des menschlichen Wahrnehmens schlicht erzählt und bebildert, was nicht bewiesen, aber dennoch *erfahren* werden kann. Das Unsagbare kann erahnt, intuiert, erfühlt werden. Solch intuitive Weltschau ist von hohem Rang, weil sie ein Versuch ist, sich dem Numinosen zu stellen. Diese Kreativität hat den geistigen Wert des Menschen bestimmt und ist wichtiger Vorläufer der Wissenschaft. Was z. B. in der Odyssee als Erzählung und in symbolischen Bildern dargebracht wird, ist der psychische Entwicklungsweg des Mannes und in vielen Teilen des Menschen schlechthin. Hier wurde dargestellt, welche Umwege, Gefahren und Verluste zu bestehen sind, bis wir zu uns selbst heimfinden. Bis auf wenige haben wir Erwachsenen die Symbolsprache verlernt und die Tiefenpsychologie, vor allem die Analytische Psychologie von C. G. Jung ist seit einem Jahrhundert bemüht, das zu erarbeiten, was im Mythos, auch im Mythos des Odysseus, längst gesagt wurde, nur auf andere Weise. Erst jetzt beginnen wir zu ahnen, warum wir von Mythen und Märchen über alle rationalistischen Zeiten hinweg angesprochen werden können, weil wir unbewußt mehr aufnehmen, als wir bewußt wahrnehmen. Jetzt erst kann ein Buch geschrieben werden wie „Die Wahrheit des Mythos" von Kurt Hübner, der solche Themen als Professor an der Universität in Vorlesungen bearbeitet. Bisher waren es nur die belächelten Außenseiter, die Bild und Symbolsprache entzifferten und vom Hintergründigen sprachen. Da es „die Wahrheit" nicht gibt, weil sie ein Abstraktum ist, sind Darstellungen von Teilaspekten des Hintergrundes aller Dinge und Seins schon etwas Wichtiges und zeugen von großer Gestaltungskraft. Sie wird gerade in diesen Gebieten in uns herausgefordert, wo wir als Mensch existentiell angesprochen sind und in unserer Tiefe berührt werden. Dies ist nicht der Bereich, in dem durch Analyse und logische Schlußfolgerungen etwas abzuleiten ist. Was im wissenschaftlichen Erforschen erarbeitet wurde, ist gigantisch und verliert nicht seine Größe, wenn wir feststellen, daß wir uns trotz alledem den letzten großen Rätseln und ihren Geheimnissen nicht um die kleinste Kleinigkeit genähert haben. Das Unerkennbare, Unsagbare wurde lange Zeit beiseite geschoben, verleugnet und relativiert. Insofern sind wir heute nach den schon erwähnten wissenschaftlichen Ergebnissen der atomaren Physik zu einer Abklärung gekommen. Es ist nun bewiesen, daß es keine Frage der Zeit und des weiteren Forschens ist, an das, was Leben trägt und gestaltet, heranzukommen. Das ist, wie schon erwähnt wurde, für alle eine große narzißtische Kränkung, die sich auf dem Weg der inflationistischen Vergottung des Menschen befanden. Bei ihnen wurde das archaische, grandiose Selbst aus der Kindheit wiederbelebt. Die vorausgegangenen Entwicklungsstufen können unter entsprechenden Umständen immer wieder aktualisiert werden, wenn die Gesamtpersönlichkeit in Konstellationen gerät, die dies begünstigen. Manche trauern unbewußt über die verlorene Potenz des kindlichen Allmachtgefühls, das uns noch keine Grenzen setzt und alles offen läßt. In der Entwicklung zum bewußteren und damit auch kritischeren Menschen wird das grandiose Alles-Können und Alles-Sein introjiziert und wird zum Ideal-Selbst. Es beinhaltet idealistische Vorstellungen, die wir uns von uns selbst machen, die der Realität aber nicht entsprechen, jedoch nicht ohne Wirkung auf uns sind. Es ist ein wichtiger Vorgang in der Entwicklung. Ohne das noch lange Zeit und bei vielen immer stark wirksame und nicht immer kritisch erkannte Ideal-Selbst könnten wir uns selbst weniger aushalten und bestehen. Zur Selbsterkenntnis und zum Wahrnehmen menschlichen Seins schlechthin gehört unendlich viel Mut und Stehvermögen. Das Ideal-Selbst kompensiert vieles in der steten Konfrontation mit dem realen Ich-Selbst, mit unseren Mängeln, Schwächen und der ganzen Unvollkommenheit, die uns oft verzagt macht und unseren Selbstwert, damit auch unser Selbstvertrauen stark reduziert. Es ist interessant zu beobachten, wie jeder auf seine eigene Weise die Reste von kindlichen Bedürfnissen nach Großartigkeit verborgen und insgeheim als Erwachsener noch hegt und pflegt.

Im Zuge der Desillusionierung als Gegenzug zur menschlichen Selbstvergottung und den unbegrenzten Allmachtshoffnungen kam es zu der Psychologie des „… nichts als …" Alles war nichts anderes als bestenfalls die Sublimierung von Triebgeschehen. Solche Psychologie interpretiert und psychologisiert das archetypisch verankerte Suchen nach der Transzendenz und den in vielen Variationen sich verwirklichenden Hunger nach Sinn, d.h. immer Bezogensein in Seinszusammenhänge. Dies wird dann als die auf die Erwachsenenebene gehobene Sehnsucht nach der ursprünglich erlebten Symbiose gedeutet. Somit wäre Wertgeborgenheit auf der Ebene des noch ungeborenen Ich-Selbst erreicht. Solch gewaltige Regressionswünsche und Drang nach Selbstauflösung gibt es zweifellos, ebenso wie es die inflationistische Identifikation mit dem Ganzen des Seins gibt, auch eine Art der Selbstauflösung, jedoch im Sinne der kleinkindlichen Allmachtspotenzen. In diesen beiden Formen der Regression ist das Ich-Selbst kaum entwickelt, weshalb auch keine gestalterische Auseinandersetzung mit der Welt, keine Begegnung im Ich-Du-Welt-Erleben stattfinden kann. Werte können darum nicht verwirklicht und gelebt, Sinn nicht realisiert werden. Das Selbst wirksam werden lassen, was ursprünglich mit dem fast zum Schlagwort gewordenen Begriff der Selbstverwirklichung gedacht war, kann der Regressive und Inflationierte nicht, wenn er dies auch von sich selbst glaubt. Wer die kleinkindliche Grandiosität wiederbelebt und sich mit seinem Ideal-Selbst identifiziert, versagt in den sozialen Kontakten, in der Mühe der Aufgabenbewältigung des jeweiligen Hier und Jetzt und erst recht dann, wenn Durchhalten und Dauer notwendig sind.

Wer jedoch seinem Ich-Selbst zuwächst und, was immer nur in kleinen Schritten sich vollziehen kann, in die Wertteilhabe seines Seins hineinwächst, entwickelt auch die notwendigen Kräfte, um seinen Weg zu finden und sich als Teil im Sinnbezug und damit in Wertgeborgenheit zu erleben. Während der Regressive und Inflationierte auf vielen Ebenen versagt und zunehmend Symptome entwickelt, wird der Wertfinder immer gesünder, erhält Kraftzuwachs und wird fähig, mitzuwirken in seiner jeweiligen Welt und Mitgestalter zu sein.

Der Mangel an Wertgeborgenheit führt in Angst und Depression. An beidem leiden viele unserer Mitmenschen. Sie leben in einer für sie desillusionierten Welt sinnlosen Geschehens, ohne von den heiligen Rätseln, vom Numinosen ergriffen oder auch nur berührt zu werden. Sie kommen nicht durch eigenes, schöpferisches Erleben an das Lebendige, das, was das Sein trägt. Sie brauchen die gestaltenden Hilfen und mythenschaffenden Kräfte von andern, die ihnen vermitteln können, ihnen Wege zeigen, die über das Vordergründige hinausweisen. Der Mythos ist die in Symbolen sich ausdrückende schöpferische Tat, uns mit dem Unheimlichen und Unerklärbaren vertrauter zu machen, es in uns einzulassen, anstatt es zu verdrängen und abzuwerten, zu rationalisieren, was rational nicht faßbar ist. Es geht also darum, Mythen zu schaffen, d. h. Begegnungen mit dem an sich Unfaßbaren wenigstens im Bild und im symbolsetzenden Formulieren sei es auch nur in Teilbereichen zu leisten. Die Sinnsucher sind immer wieder kreativ geworden.

Letzten Endes läuft es darauf hinaus, aus der Sinnlosigkeit erlöst zu werden. Sinnfindung ist jedoch ein kreativer Akt. Sinn muß erschaffen werden, ist nicht vorhanden, wenn er nicht vom Menschen entwickelt und erlebt wird. Ob wir sinnvoll oder sinnlos leben, bestimmen wir selbst. Sinn wird nicht geliefert. Selbst wenn vorgezeichnete Wege gewiesen werden, muß Sinnvollzug selbst gelebt und im eigenen Innen realisiert werden. Die Verwirklichung ist von jedem einzelnen zu leisten. Sinn kann nicht übergeben, geschenkt werden, ist kein Naturphänomen, das sich am Menschen vollzieht. Er erfordert immer den eigenen Einsatz und die eigene persönliche Erlebnishingabe. Es gäbe viel zu helfen, zu tun, zu lindern, einzugreifen, mitzuwirken in unserer jeweiligen Umwelt. Viele langweilen sich, leben im vermeintlichen „Gutgehen des Nichtstuns", Nichtsmüssens und bleiben dabei leer und unberührt vom lebendigen Leben. Es geht nicht nur um das nichts Tun und Bewirken. Dabei ist die Begleiterscheinung immer zugleich auch von nichts angerührt, ergriffen zu werden. „Meine Tage sind ohne Ereignisse und ich sitze und warte, bis mich jemand von meinen Kindern besucht." Es ist erschütternd, wieviel „ungelebte Jahre und Jahrzehnte" Menschen dahinvegetieren, ohne sich einzubringen. Sie schonen sich und ahnen nicht, daß sie sich mumifizieren und nicht mehr am Leben teilhaben. Dies sind natürlich viele ältere und alte Menschen, jedoch auch unter jungen Leuten gibt es eine große Zahl, die über ihren persönlichen Bereich hinaus nichts tun und äußerst bedacht sind, im vordergründigen Wohlbehagen zu leben. Sie sind fern vom Glück. Denn dazu ist die Teilhabe am sinnvollen Tun und Leben notwendig.

Wer sinnschaffend lebt, dem wachsen Potenzen zu und beglückende Wertsteigerung. „Ich habe geglaubt, es könnte mich zu sehr anstrengen und es wäre mir überhaupt zuviel, mit kranken, alten Leuten öfters zusammen zu kommen. Aber ich bin seither sehr viel belastbarer, seit die Alten auf mich warten und mich beanspruchen …" „Merkwürdig, meine Diplom-Arbeit läuft mir viel besser, ich arbeite konzentrierter, seit ich nebenher durch meine kranke Schwester mehr beansprucht bin …" Schon in den kleinen Alltäglichkeiten sind die Grunderfahrungen zu beobachten: Wer sich einbringt, wird dadurch mehr. Wer Not und Leid erfahren hat, kann auch in der Rückschau und im Aufarbeiten zu dem hinfinden, was nur über die Kreativität der Sinnfindung möglich ist. „Ich habe viel gelitten, meine Kindheit war ein Leidensweg, der sich in körperlichen Erkrankungen in mißlungenen Partnerschaften niedergeschlagen hat. Ich kann nun allmählich annehmen, was mein Leben, mein Roman war. Ich habe zwar gehungert an Leib und Seele, aber heute weiß ich, was ich daraus gelernt habe. Daß es mich auch wachsen ließ, kann ich erst jetzt begreifen." Es ist immer so: Es geht nie ums Wohlergehen und Behagen, vielmehr darum, alles zum Sinnhaften werden zu lassen.

Hildegund Fischle-Carl

Vom Glück der Zärtlichkeit

Alle Liebe sucht Nähe
Band 1115, 144 Seiten, 2. Aufl.

In der Praxis der Psychotherapeutin finden sich immer
mehr Leute ein, die unter der heutigen Kälte zwischen-
menschlicher Beziehungen und der Unfähigkeit, sich
mit Wärme einander zu nähern, leiden. Darum gibt es
eine Menge kluger und beherzigenswerter Anregungen,
wie man wenigstens erkennen kann, wie wenig Zärtlichkeit man selber dem Nächsten entgegenbringt und wie
man dem abhelfen kann. Ein längst fälliges und wichtiges Buch!

Deutsches Ärzteblatt

Anstiftungen zu Lebenslust und Lebensfreude

Band 1199, 160 Seiten

Die Autorin, eine erfahrene Psychotherapeutin, macht
jedem einsichtig, wie man Frustration überwindet und
damit gesunde Lebenslust und echte Lebensfreude zu-
rückgewinnt.

Die Neue Ärztliche, Frankfurt

Hildegund Fischle-Carl versteht es, Mut zum Leben und
Lust am Leben zu vermitteln ...

Bayerischer Rundfunk

Herderbücherei